O Salvador *Mora ao Lado*

O Salvador *Mora ao Lado*

Perto o suficiente para ser tocado
Forte o suficiente para confiarmos

Max Lucado

Traduzido por
Degmar Ribas Júnior

CPAD

Título do original em inglês: *Next Door Savior*
Word Publishing, Nashville, Tennessee, EUA
Primeira edição em inglês: 2001

Tradução: Degmar Ribas Júnior
Preparação dos originais: Luciana Alves
Revisão: Daniele Pereira
Adaptação de capa: Rafael Paixão
Projeto gráfico e editoração: Josias Finamore

CDD: 242 – Devocional
ISBN: 85-263-0651-0

As citações bíblicas foram extraídas da versão Almeida Revista e Corrigida, edição de 1995, da Sociedade Bíblica do Brasil, salvo indicação em contrário.

Para maiores informações sobre livros, revistas, periódicos e os últimos lançamentos da CPAD, visite nosso site: http://www.cpad.com.br

SAC — Serviço de Atendimento ao Cliente: 0800-701-7373

Casa Publicadora das Assembléias de Deus
Caixa Postal 331
20001-970, Rio de Janeiro, RJ, Brasil

5ª Edição 2008

A Billy Graham

A minha voz está entre o coro de milhões de pessoas
que lhe são gratas.
Obrigado por suas palavras.
Obrigado por sua vida.

Agradecimentos

Estou aplaudindo de pé a:

Liz Heaney e Karen Hill — por limparem a bagunça, enfrentarem os medos e fazerem o trabalho. Não posso agradecer-lhes o bastante.

Steve e Cheryl Green — pelo planejamento de longo prazo, pela proteção e por serem os melhores amigos que alguém pode imaginar.

Susan Perry — por trazer alegria, e comida, ao nosso mundo.

Família da Oak Hills Church — por enviar chuvas de encorajamento e um oceano de orações.

Laura Kendall e Carol Bartley — suas edições e inspirações são extremamente penetrantes.

Steve Halliday — seus guias de estudo sempre ajudam as pessoas a cavar mais fundo.

Ao W Publishing Group — por verem muito mais do que eu já vi. Vocês são os melhores!

Ao time UpWords — pelo seu incansável trabalho nos bastidores.

Bill Hybels — obrigado por compartilhar o segredo de Mateus. Agradeço-lhe ainda mais por viver isto.

Charles Prince — pelas jóias do conhecimento e pela arca do tesouro de bondade.

Todd Phillips — obrigado por suas reflexões oportunas e por seu valioso encorajamento.

Larry King e equipe — obrigado pelos pensamentos semeados.

Michael W., 3D e o grupo CTAW — que passeio! Obrigado por ouvirem estas mensagens.

Minhas queridas Jenna, Andrea e Sara — se algum dia eu duvidar da bondade de Deus, precisarei apenas olhar para vocês. Obrigado por serem as melhores filhas do mundo.

Minha esposa Denalyn — se o amor fosse uma montanha, então o meu amor por você seria os Alpes. Eu te amarei para sempre.

Você, caro leitor — que você possa encontrar uma vida segura ao lado dEle.

E a ti, querido Jesus — o meu eterno agradecimento por ter se mudado para cá.

Mas será possível que Deus habite na terra com os homens?

Salomão

2 Crônicas 6.18 – NVI

Sumário

PARTE DOIS
Não Há Lugar em que Ele não Deseje Ir

I

O Salvador que Está bem ao nosso Lado

E, chegando Jesus às partes de Cesaréia de Filipe, interrogou os seus discípulos, dizendo: Quem dizem os homens ser o Filho do Homem? E eles disseram: Uns, João Batista; outros, Elias, e outros, Jeremias ou um dos profetas. Disse-lhes ele: E vós, quem dizeis que eu sou? E Simão Pedro, respondendo, disse: Tu és o Cristo, o Filho do Deus vivo.

Mateus 16.13-16

As palavras ficam no ar como um sino que acabou de ser tocado. "Quem dizeis que eu sou?" O silêncio se instala na roda dos seguidores. Natanael limpa a sua garganta. André olha para o outro lado. João rói as unhas. Judas parte uma folha da árvore. Ele não falará uma palavra sequer. Nunca fala. Pedro irá falar. Ele sempre fala.

No entanto... antes de falar, faz uma pausa. A pergunta de Jesus não é nova para ele.

Nas inúmeras vezes anteriores, porém, Pedro guardou a pergunta para si mesmo.

E aquele dia em Naim? Ele havia perguntado isso. A maioria das pessoas fica em silêncio enquanto o cortejo fúnebre passa. Bocas fechadas. Braços cruzados. Reverentemente em silêncio. Não Jesus. Ele se aproximou da mãe do rapaz morto e sussurrou algo em seu ouvido que a fez virar-se e olhar para seu filho. Ela começou a se opor, mas o fez. Fazendo sinal aos que conduziam o esquife, ela instruiu: "Esperem".

Jesus caminhou na direção do jovem. Olhando para o corpo, Ele falou. Não sobre o rapaz, como numa oração, mas a ele, como numa ordem: "Jovem, eu te digo: Levanta-te" (Lc 7.14).

Com o tom de um professor dizendo aos seus alunos para sentarem-se ou com a autoridade de uma mãe dizendo aos filhos para saírem da chuva, Jesus ordenou ao rapaz morto *para não mais estar morto*. E o jovem obedeceu. A pele fria se aqueceu. Os membros rijos se moveram. As faces brancas se ruborizaram. Os homens baixaram o esquife, e o rapaz "assentou-se e começou a falar". Então, Jesus "entregou-o à sua mãe" (Lc 7.15).

Algum tempo depois, Jesus e os seus discípulos estavam comendo a refeição da noite. Ele riu de uma história engraçada e pediu pão a outros, e a ironia de tudo aquilo balançou Pedro. *Quem é você?*, ele perguntou tão suavemente que ninguém além de Deus poderia ouvir. *Você acabou de despertar um morto! Você não deveria estar envolto em luz, ou cercado de anjos, ou entronizado mais alto que mil Césares? Contudo, olhe para você — vestindo as roupas que eu usaria, rindo das histórias que eu conto e comendo a comida que todos nós comemos. É isto o que vencedores da morte fazem? Simplesmente, quem é você?*

E, de repente, houve a tempestade. A tempestade do tipo amarre-se ao mastro e despeça-se de seu barco. Ondas de três metros puxavam os discípulos para frente e para trás, deixando o barco com água até os tornozelos. O rosto de Mateus se empalideceu. Tomé se agarrou à popa com medo da morte. Pedro sugeriu que orassem o Pai Nosso. Melhor ainda, que o Senhor os dirigisse no Pai Nosso. Foi então que ele ouviu o Senhor...

Roncando.

Jesus estava dormindo; com as costas contra a proa e a cabeça caída para frente, enquanto o casco golpeava impetuosamente as ondas. "Jesus!", Pedro gritou.

O carpinteiro acordou, olhou para cima, esfregou os olhos, encheu as bochechas com um suspiro e levantou-se. Primeiro ergueu a sua mão, depois a sua voz, e tão rápido quanto você poderia imaginar, a água tornou-se mais do que serena. Jesus sorriu e sentou-se; Pedro olhou fixamente e se perguntou: "Mas quem é este que até o vento e o mar lhe obedecem?" (Mc 4.41)

Desta vez é Jesus quem está fazendo a pergunta: "Quem dizeis que eu sou?" (Mt 16.15)

Talvez a resposta de Pedro tivesse o tom de um apresentador de telejornal das seis horas. Sobrancelhas arqueadas. Meio sorriso. Voz de barítono do tipo James Bond. "Creio que tu és o Filho de Deus."

Parece que estou vendo Pedro fazer menos barulho do que costuma fazer. Limpa sua garganta. Menos arrogante, mais dissimulado. Engole. Parece mais um pára-quedista em seu primeiro salto prestes a pular para fora do avião. "Você está preparado para pular?", lhe perguntam. "Eu, ah... eu, ah..."

"Quem dizeis que eu sou?"

"Eu, ah... eu, ah... eu creio... que tu és o Cristo, o Filho do Deus vivo" (veja Mt 16.16).

Se Pedro estava hesitante, você não pode culpá-lo. Quantas vezes você chama um carpinteiro de mãos calejadas, de uma cidade insignificante, de Filho de Deus?

Havia algo de errado neste quadro.

Costumávamos ver tais cenas na escola primária. Para nos manter ocupados, a professora passava desenhos com a seguinte pergunta na parte inferior: "O que há de errado nesta figura?" Lembra-se deles? Procurávamos de perto algo que não se encaixasse. Uma paisagem de fazenda com um piano perto da calha de moinho. Uma sala de aula com um pirata sentado na fileira de trás. Um astronauta na lua com um telefone público ao fundo. Examinávamos a figura e apontávamos para o piano, ou para o pirata, ou para o telefone público; então dizíamos: "Isto não se encaixa". Algo está fora de lugar. Algo é um absurdo. Pianos não combinam com um moinho. Piratas não se sentam em salas de aula. Telefones públicos não são encontrados na lua, e Deus não se torna amigo íntimo de pessoas comuns, nem tira uma soneca em barcos de pesca.

No entanto, de acordo com a Bíblia, Ele fez isto. "Porque nele habita corporalmente toda a plenitude da divindade" (Cl 2.9). Jesus não era um homem que parecia ser divino, nem um Deus que parecia ser humano. Ele era o Deus-homem.

Nascido pelas mãos de um carpinteiro.

Uma camponesa lhe deu banhos.

O construtor do mundo com um umbigo.

O autor da Torá, que agora estava sendo instruído na Torá.

O humano do céu. E porque Ele era, somos surpreendidos em momentos como estes, de jogos do tipo: "coce sua cabeça", "pisque duas vezes", "o que há de errado com a figura?"

Um aleijado patrocinando a dança na cidade.

Um lanchinho satisfazendo cinco mil estômagos.

E, acima de tudo, uma sepultura: guardada por soldados, selada por uma pedra, entretanto, deixada vazia por um homem morto há três dias.

O que fazemos com tais momentos?

O que fazemos com tal *pessoa*? Aplaudimos os homens por fazerem coisas boas. Cultuamos a Deus por fazer grandes coisas. Mas... e quando um homem faz coisas que agradam a Deus?

Uma coisa é certa, não podemos ignorá-lo.

Por que iríamos querer isso? Se estes momentos são concretos, se a reivindicação de Cristo é real, então Ele foi, ao mesmo tempo, homem e Deus.

Ali estava Ele, a pessoa mais importante que já viveu. Esqueça o que de mais belo há na natureza, pois Ele é o Criador de toda a Terra, e o próprio firmamento anuncia a obra das suas mãos. O líder do desfile? Dificilmente. Nenhuma outra pessoa compartilha a rua. Quem se aproxima? Os melhores e mais brilhantes da humanidade perdem o brilho como jóias semvalor diante dEle.

Dispensá-lo? Não podemos.

Resistir a Ele? Igualmente difícil. Não precisamos de um Salvador Deus-homem? Se Jesus fosse apenas Deus, Ele poderia nos criar, mas não nos compreender. Um Jesus apenas homem poderia nos amar, mas jamais nos salvar. E um Jesus que é Deus-homem? Perto o suficiente para ser tocado. Forte o suficiente para confiarmos. O Salvador que está bem ao nosso lado.

O Salvador que é considerado irresistível por milhões de pessoas. Nada se compara à "excelência do conhecimento de Cristo Jesus, meu Senhor" (Fp 3.8). A recompensa do cristianismo é Cristo.

Você viaja até o Grand Canyon por causa da camiseta de suvenir ou do globo com flocos de neve que caem quando você o agita? Não. A recompensa do Grand Canyon é o Grand Canyon. A realização de olhos abertos de que você faz parte de algo antigo, esplêndido, poderoso e maior que você.

O prêmio do cristianismo é o próprio Cristo. Não dinheiro no banco, ou um carro na garagem, ou um corpo saudável, ou uma melhor auto-imagem. Estes são frutos que ocupam um segundo ou um terceiro lugar em nossa vida. Todavia, o castelo forte da fé é Cristo. Comunhão com Ele. Andar com Ele. Pensar nEle. Explorá-lo. A grandiosa descoberta de que nEle você faz parte de algo venerável, eterno, indestrutível e insondável, algo que ninguém é capaz de deter. E Ele, que pode cavar o Grand Canyon com seu dedo mindinho, considera você digno de receber a salvação, digno de que Ele morra por você no madeiro romano. Cristo é a recompensa do cristianismo. Por que outro motivo Paulo o consideraria como o seu desejo supremo? "Para conhecê-lo..." (Fp 3.10)

Você deseja o mesmo? A minha idéia é simples. Vamos olhar para alguns lugares onde Ele foi e para algumas pessoas que Ele tocou. Junte-se a mim na procura por sua "divindade-humana". Você pode se surpreender.

Mais importante, você pode ser transformado. "Mas todos nós, com cara descoberta, refletindo, como um espelho, a glória do Senhor, somos transformados de glória em glória, na mesma imagem, como pelo Espírito do Senhor" (2 Co 3.18).

Quando o contemplamos, nos tornamos como Ele.

Experimentei este princípio diretamente quando um cantor de ópera visitou a nossa igreja. Não sabíamos que a sua voz era tão afinada. Você não teria como saber disso olhando seu casaco de veludo cotelão e seus sapatos mocassim. Sem smoking, faixa ou gravata de seda. Sua aparência não fazia nenhuma sobrancelha se levantar, mas a sua voz certamente fez. Eu deveria saber. Ele estava no banco atrás do meu.

Seu vibrato fez as dentaduras baterem e os caibros do telhado tremerem. Ele tentou se conter. Mas como uma tuba pode se esconder em uma sala de flautins?

Por um momento fiquei assustado. Contudo, em um verso, fiquei inspirado. Encorajado pelo seu volume, aumentei o meu. Eu cantava melhor? Nem mesmo podia me ouvir. Os meus gorjeios se perderam em seu talento. Porém, tentei com mais empenho. Sua força fez surgir o melhor de mim.

O seu mundo poderia usar um pouco de música? Caso a resposta seja sim, convide o barítono do céu a ter plena liberdade em sua vida. Ele pode parecer tão comum quanto a pessoa ao lado, mas espere até ver o que Ele pode fazer. Quem sabe? Algumas músicas cantadas com Ele podem mudar a maneira como você canta...

Para sempre.

Parte Um

Não Existe Alguém que Ele não Deseje Tocar

A maioria de nós teve muito trabalho para aprender a amarrar os sapatos. Tirar a pasta de dente do tubo e colocar na escova foi bastante difícil, mas... e apertar os sapatos amarrando os cadarços? Não é nada fácil. Além disso, quem precisa deles? Use sapatos mocassim. Vá descalço. Afinal, quem trouxe essa idéia de sapatos?

E as orientações?! Todos tinham uma abordagem diferente sobre como fazer o laço para amarrar os sapatos. "Faça uma árvore com o laço, e deixe que o esquilo corra para dentro do buraco." "Forme uma orelha de coelho, e então amarre-a com uma fita." Papai falava: "Vá rápido". Já seu tio contrariava, dizendo: "Não tenha pressa". Ninguém consegue concordar? Apenas em uma coisa. Você precisa saber como fazer as coisas.

Aprender a amarrar os sapatos é um ritual de passagem. Juntamente com o primeiro ano na escola e a primeira bicicleta está a primeira vez que se amarra os sapatos. No entanto, este processo é um pouco assustador.

Bem, quando você pensa que fez os laços e circundou a árvore... você consegue as orelhas do coelho em uma das mãos e lhes dá um puxão triunfante, e... olé! — um nó. Sem que perceba, você foi introduzido à realidade.

Meu amigo Roy costumava sentar-se em um banco de praça por alguns minutos todas as manhãs. Ele gostava de observar as crianças se juntarem e brincarem no ponto de ônibus. Um dia ele notou um menininho, talvez com cinco ou seis anos de idade, lutando para não perder o ônibus. Enquanto os outros estavam entrando no ônibus, ele estava agachado, tentando desesperadamente desfazer um nó no cadarço de seu sapato. Ele ficou cada vez mais ansioso à medida que o tempo passava, lançando seus olhos afoitos, ora para o sapato, ora para o ônibus.

De repente, era tarde demais. A porta se fechou.

O menino caiu sentado para trás e suspirou. Foi quando ele viu Roy. Com os olhos cheios de lágrimas olhou para o homem no banco e perguntou: "Você desfaz nós?"

Jesus adora este pedido.

A vida se embaraça. As pessoas ficam confusas. Você nunca supera com a idade o impulso de olhar para o alto e dizer: "Socorro!"

Jesus tinha e sempre tem um modo de aparecer nestes momentos.

O barco vazio de Pedro. O coração vazio de Nicodemos.

Mateus tem um problema de amizade. Uma mulher tem um problema de saúde.

Olha quem aparece.

Jesus, o Salvador que está bem ao nosso lado.

"Você desfaz nós?"

"Sim."

2

A Canção Tema de Cristo

Todas as Pessoas

HEBREUS 2.1,18

A maior parte das famílias mantém os segredos de família em sigilo. A maioria não fala do tio vigarista ou da tia-avó prostituta. Tais histórias permanecem sem qualquer menção nos encontros familiares, e não há intenção de que sejam reveladas àqueles que não pertencem à família.

Isto é assim, a menos que você seja o Deus-homem. Jesus mostra as maçãs ruins de sua árvore genealógica no primeiro capítulo do Novo Testamento. Você mal pôs os pés no Evangelho de Mateus, quando percebe que Jesus, humanamente, procede da Sociedade de Prestígio Decadente. Raabe era uma meretriz de Jericó. Jacó era traiçoeiro o bastante para merecer uma algema de tornozelo. Davi tinha uma personalidade tão irregular quanto uma pintura de Picasso — um dia escrevendo salmos, outro dia seduzindo a esposa do seu capitão. Mas Jesus apagou seu nome da lista? Absolutamente não.

Você poderia pensar que Ele o faria. Todavia, não o fez. Por que Jesus pendurou a roupa suja de sua família no varal da vizinhança?

Porque a sua família também tem alguma. Um tio com uma passagem pela prisão. O pai que nunca voltou para casa. O avô que fugiu com uma colega de trabalho. Se a sua árvore genealógica tem frutos estragados, então Jesus quer que você saiba: "Eu já passei por isso".

A frase "Eu já passei por isso" está no coro da canção tema de Cristo. Para os solitários, Jesus sussurra: "Eu já passei por isso". Para os desanimados, Cristo meneia a cabeça e suspira: "Eu já passei por isso".

Dê só uma olhada na cidade natal de Jesus. Um pequeno povoado apático, humilde e esquecido.

Para onde iríamos, a fim de encontrar o seu paralelo em nosso mundo? Deixaríamos o Brasil. Nos desviaríamos da Europa e da maior parte da América Latina. Israel não era uma superpotência, ou uma força comercial, ou uma colônia de férias. A terra que Josué conquistou e Jesus amou mal aparecia na tela do radar do Império Romano! Mas estava lá. Os soldados de César a ocuparam. Como a Polônia nos anos 40 ou a Guatemala nos anos 80, os montes judeus conheceram os estrondos de um exército estrangeiro. Embora você provavelmente pergunte a si mesmo se os soldados romanos alguma vez foram além do norte de Nazaré.

Imagine um vilarejo empoeirado e tranqüilo. Um lugar que faria as pessoas dizerem: "Pode vir alguma coisa boa de __________?" No caso de Cristo, o espaço em branco foi preenchido com o nome Nazaré. Uma cidade inexpressiva em uma nação inexpressiva.

Aonde podemos ir hoje para encontrar um lugar assim? Iraque? Afeganistão? Camboja? Faça a sua escolha. Encontre uma região semi-árida que viva da agricultura à margem de qualquer epicentro social. Entre em um jipe e vá até lá procurar por uma família como a de Jesus.

Ignore as melhores casas do vilarejo. José e Maria celebraram o nascimento de Jesus com uma oferta de dois pombinhos que levaram ao Templo; a oferta dos pobres (Lc 2.22-24). Agora, prossiga em direção a parte mais pobre da cidade. Não estou me referindo às pessoas afetadas pela pobreza ou aos miseráveis, mas apenas aos simples.

Esse é o retrato da vida de Jesus. Uma pessoa simples, num lar simples. Precisamos de um lar assim, com um trabalhador comum. Os vizinhos de Jesus se lembravam dEle como um trabalhador: "Não é este o carpinteiro...?" (Mc 6.3)

Jesus tinha as mãos sujas, camisas com manchas de suor e — isto pode lhe surpreender — uma aparência comum. "... não tinha parecer nem formosura; e, olhando nós para ele, nenhuma beleza víamos, para que o desejássemos" (Is 53.2).

Sorriso fenomenal? Físico de perder o fôlego? Não. As cabeças não se viravam quando Jesus passava. Se Ele era como os seus companheiros, tinha um rosto rústico largo, pele escura, cabelo curto e cacheado, e um nariz proeminente. É bem provável que tivesse aproximadamente 1,67 m de altura, e talvez pesasse cerca de 55 kg.[1] Dificilmente seria capa de revistas famosas. De acordo com um historiador do século III, Orígenes, "seu corpo era pequeno, sem aparência atrativa e ignóbil".[2]

A sua aparência é comum e as suas maneiras são simples? As dEle também. Ele já passou por isso.

De origem questionável. Criado em uma nação esquecida entre o povo oprimido em um vilarejo obscuro. Casa simples. Um trabalhador comum com aparência comum. Você pode identificá-lo? Vê a casa de barro com telhado de sapê? Sim, aquela com as galinhas no quintal e um típico adolescente consertando cadeiras no alpendre. Se solicitado, Ele também pode consertar o seu encanamento.

Ele já passou por isso.

"Pelo que convinha que, em tudo, fosse semelhante aos irmãos, para ser misericordioso e fiel sumo sacerdote naquilo que é de Deus, para expiar os pecados do povo. Porque, naquilo que ele mesmo, sendo tentado, padeceu, pode socorrer aos que são tentados" (Hb 2.17,18).

Você é pobre? Jesus sabe como você se sente. Você está no degrau mais baixo da escala social? Ele entende. Já se sentiu ludibriado? Cristo pagou impostos a um imperador estrangeiro.

Ele já passou por isso. Ele entende o significado da obscuridade.

Mas... e se a sua vida não for obscura? E se você tem um negócio para dirigir, ou multidões para gerenciar, ou uma sala de aula para liderar? Jesus pode estar relacionado à sua situação?

Sim, certamente. Ele recrutou e supervisionou a sua própria organização. Esta era composta por setenta homens, além de um agrupamento de mulheres que contavam com a sua liderança. Você faz orçamentos, lidera reuniões e contrata pessoal? Cristo sabe que a liderança não é fácil. Seu grupo incluía um zelote que odiava os romanos e um cobrador de impostos que havia trabalhado para eles. A mãe de dois dos seus homens exigiu tratamento especial para seus filhos. Jesus entende o estresse da liderança.

Já se sentiu como se precisasse ir embora? Jesus também. "E, levantando-se de manhã muito cedo, estando ainda escuro, saiu, e foi para um lugar deserto, e ali orava" (Mc 1.35).

Porventura, você tem estado diante de tantas tarefas a cumprir que não pôde parar para almoçar? Ele entende, pois também já passou por isso. "Porque havia muitos que iam, e vinham, e não tinham tempo para comer" (Mc 6.31).

Você tem uma excessiva ocupação como, por exemplo, muitos e-mails para responder, ou telefonemas demais para dar em um só dia? Jesus já passou por isso. "E veio ter com ele muito povo, que trazia coxos, cegos, mudos, aleijados e outros muitos; e os puseram aos pés de Jesus, e ele os sarou" (Mt 15.30).

E quanto à tensão familiar? "E, quando os seus parentes ouviram isso, saíram para o prender, porque diziam: Está fora de si" (Mc 3.21).

Você já foi acusado falsamente? Os inimigos chamaram Jesus de glutão e bebedor de vinho (Mt 11.19). Na noite anterior à sua morte, havia aqueles que "buscavam falso testemunho contra Jesus, para poderem dar-lhe a morte" (Mt 26.59).

Seus amigos já lhe desapontaram? Quando Cristo precisou de ajuda, seus amigos dormiram. "Então, nem uma hora pudeste vigiar comigo?" (Mt 26.40)

Inseguro quanto ao futuro? Jesus, humanamente falando, estava. Referindo-se ao último dia da história, Ele explicou: "Daquele Dia e hora ninguém sabe, nem os anjos dos céus, nem o Filho, mas unicamente meu Pai" (Mt 24.36). Jesus pode ser o Filho de Deus e não saber de alguma coisa? Sim, se Ele mesmo decidir não saber. Sabendo que você enfrentaria o desconhecido, Ele escolheu enfrentar o mesmo.

Jesus já passou por isso. Ele experimentou toda a dor e toda a tentação (Hb 2.18). Jesus esteve irado o bastante para purificar o Templo, faminto o bastante para comer os grãos das espigas, perturbado o bastante para chorar em público, alegre o bastante para ser chamado de beberrão, cativante o bastante para atrair as crianças, cansado o bastante para dormir em um barco agitado pela tempestade, pobre o bastante para dormir na terra e tomar uma moeda emprestada para ilustrar um sermão, radical o bastante para ser expulso da cidade, responsável o bastante para cuidar de sua mãe, tentado o bastante para conhecer o odor de Satanás e atemorizado o bastante para suar sangue.

Mas por quê? Por que o Filho mais excelente do céu suportaria a pior dor que se poderia sentir na terra? Para que você soubesse que "naquilo que ele mesmo, sendo tentado, padeceu, pode socorrer aos que são tentados" (Hb 2.18).

Seja o que for que estiver enfrentando, Ele sabe como você está se sentindo.

Há alguns dias, vinte mil pessoas correram pelas ruas de San Antonio, inclusive eu, levantando fundos para a pesquisa do câncer de mama. A maioria de nós correu por termos sido motivados pela bondade, felizes por percorrer cerca de cinco quilômetros e doar alguns dólares para aquela causa. Alguns correram em memória de um ente querido, outros em homenagem a um sobrevivente de câncer. Enfim, corremos por diferentes motivos. Contudo, nenhum corredor estava mais entusiasmado do que uma pessoa que identifiquei. Uma bandagem cobria sua cabeça sem cabelos, e círculos escuros sombreavam os seus olhos. Ela tinha câncer. Enquanto corríamos por bondade, ela corria por convicção. Ela sabe como as vítimas de câncer se sentem. Ela já passou por isso.

Jesus também. "Porque, naquilo que ele mesmo, sendo tentado, padeceu, pode socorrer aos que são tentados."

Quando você se volta para Ele *em busca* de ajuda, Ele corre em sua direção *para* o ajudar. Por quê? Ele sabe como você se sente. Ele já passou por isso.

A propósito, lembra-se de como Jesus não se mostrou relutante em chamar os seus antepassados de família? Ele também não tem vergonha de você: "Porque, assim o que santifica como os que são santificados, são todos de um; por cuja causa não se envergonha de lhes chamar irmãos" (Hb 2.11).

Ele não tem vergonha de você. Nem se confunde a seu respeito, nem sequer por causa de seus próprios atos. As suas atitudes não o atordoam. Seu prestígio decadente não o incomoda. Portanto vá a Ele. Afinal, você faz parte da família dEle.

3

O Amigo dos Fracassados

Pessoas de Reputação Duvidosa

MATEUS 9.9-13

"E Jesus, passando adiante dali, viu assentado na alfândega um homem chamado Mateus e disse-lhe: Segue-me. E ele, levantando-se, o seguiu" (Mt 9.9).

A surpresa neste convite é a pessoa convidada — um cobrador de impostos. Combine a ganância de um executivo fraudador com a vaidade de um tele-evangelista ambicioso. Acrescente a audácia de um advogado de porta de cadeia, a covardia de um atirador que espreita para matar e finalize com o código de ética de um traficante de drogas — o que você tem?

Um cobrador de impostos do primeiro século.

De acordo com os judeus, esses homens eram classificados um pouco acima do plâncton na cadeia alimentar. César permitia que tais cidadãos judeus taxassem quase tudo — seu barco, o peixe que você apanhou, sua casa, sua colheita. Contanto que César recebesse o que lhe era devido, eles poderiam ficar com o restante.

Mateus era um cobrador de impostos *público*. Os cobradores de impostos particulares contratavam outras pessoas para fazerem o trabalho sujo. Os publicanos, como Mateus, estacionavam suas longas "limusines" no lado pobre da cidade e saíam a cobrar impostos. Eram extremamente desonestos; grandes trapaceiros.

Seu nome, dado por seus pais, era Levi; um nome sacerdotal (Mc 2.14; Lc 5.27,28). Será que seus pais aspiravam que ele entrasse para o sacerdócio? Neste caso, ele foi um fracasso para o círculo familiar.

Você pode apostar que ele era evitado pela maioria das pessoas. As festas da vizinhança? Nunca era convidado. Reuniões da escola? De alguma maneira seu nome foi deixado de fora da lista. O homem era evitado como a bactéria estreptococos do tipo "A". Todos mantinham distância de Mateus.

Todos, menos Jesus. "Jesus, passando... disse-lhe: Segue-me. E ele, levantando-se, o seguiu."

Mateus devia estar maduro. Jesus mal teve que se esforçar. Como um sinal de pontuação, os amigos de reputação duvidosa de Mateus e os seguidores ainda "verdes" de Jesus estão trocando endereços de e-mail. "E fez-lhe Levi um grande banquete em sua casa; e havia ali uma multidão de publicanos e outros que estavam com eles à mesa" (Lc 5.29).

O que você supõe que levou Mateus a oferecer esta festa? Vamos tentar imaginar. Posso ver Mateus voltando para o seu escritório e empacotando as suas coisas. Ele retira o "Prêmio Traidor do Ano" da parede e encaixota o certificado da "Escola de Administração da Reputação Duvidosa". Seus colegas de trabalho começam a fazer perguntas.

"O que há, Mateus? Está saindo de viagem?"

"Ei, Mateus, a esposa o mandou embora?"

Mateus não sabe o que dizer. Ele murmura algo sobre uma mudança de emprego. Entretanto, ao chegar à porta, ele faz uma pausa. Segurando a sua caixa cheia de materiais de escritório, ele olha para trás. Eles o estão contemplando com um olhar desprezível — um pouco tristes, confusos.

Ele sente um nó na garganta. Oh, estes homens não são muita coisa. Os pais advertem seus filhos a respeito desse tipo de pessoa. Linguagem maliciosa. Moral carnavalesca. Eles guardam o número do telefone do agenciador de apostas na memória de discagem rápida do telefone. Contudo, o que ele pode fazer? Convidá-los para conhecer Jesus? Sim, claro! Eles gostam de pregadores como as ovelhas gostam de açougueiros. Ou devo dizer-lhes para sintonizar a TV no canal religioso? Não, eles pensariam que ter cabelo de algodão doce é um requisito para seguir a Cristo. E se ele colocasse pequenos folhetos da Torá em suas mesas? Não, eles não leriam.

Assim, não sabendo o que mais fazer, ele encolhe os ombros e lhes faz um sinal com a cabeça. "Estas alergias estúpidas", ele diz, esfregando os olhos.

Mais tarde naquele dia a mesma coisa acontece. Ele vai ao bar para acertar a sua conta. A decoração é de estilo operário: um lugar decadente e esfumaçado. Este lugar não é um clube para Mateus, mas sim a sua casa no caminho de casa. E quando ele diz ao proprietário que está se mudando, o balconista responde: "Puxa, Mateus. O que está acontecendo?"

Mateus murmura uma desculpa sobre uma transferência, porém sai com uma sensação de vazio no estômago.

Mais tarde ele se encontra com Jesus em um jantar e compartilha o seu problema. "São os meus colegas — você sabe, os colegas do escritório. E os companheiros do bar também."

"O que eles têm?", Jesus pergunta.

"Bem, é que formamos uma turma, sabe. Vou sentir falta deles. Jesus faz um gesto para que ele continue. "Qual é o problema?"

"Bem, vou sentir falta daqueles caras. Quero dizer, não tenho nada contra Pedro, Tiago e João... mas eu tenho a minha própria turma, sabe?"

Jesus começa a sorrir e a balançar a cabeça. "Mateus, Mateus, você acha que eu vim para isolá-lo? Me seguir não significa esquecer-se de seus amigos. É exatamente o oposto. Eu quero conhecê-los."

"Está falando sério?"

"O sumo sacerdote é judeu?"

"Mas, Jesus, esses caras... são todos corruptos."

"Não estou falando de um culto religioso, Mateus. Deixe eu te perguntar uma coisa — o que você gosta de fazer?"

Os olhos de Mateus brilham. "Você deveria me ver cozinhar. Eu avanço nos bifes como a baleia deve ter avançado em Jonas."

"Perfeito", Jesus sorri. "Então organize uma pequena festa de despedida. Uma festa com brincadeiras. Reúna a turma."

Mateus se encarrega de tudo. Telefonando para o fornecedor de "comes e bebes", sua empregada e sua secretária. "Avise todos, Thelma. Bebidas e jantar na minha casa hoje à noite. Diga ao pessoal para vir e trazer as namoradas."

E assim Jesus termina na casa de Mateus, uma casa com vários ambientes de primeira classe, com uma vista para o mar da Galiléia. Em frente à casa há de tudo; desde BMWs até limusines estacionadas. E a multidão dentro de casa lhe diz que o evento é qualquer coisa, menos uma conferência religiosa.

Mateus junta Pedro com um cobrador de impostos do clube de pesca e Maria com o pessoal da cozinha. Simão, o zelote, encontra um parceiro de debate dos tempos de escola. E Jesus? Ele está radiante. O que poderia ser melhor? Pecadores e santos na mesma sala e ninguém tentando determinar quem é o que. Todavia, lá pela uma hora da manhã a porta se abre e entra uma brisa gelada. "E os escribas deles e os fariseus murmuravam contra os seus discípulos, dizendo: Por que comeis e bebeis com publicanos e pecadores?" (Lc 5.30)

Entra a polícia religiosa e sua devoção hipócrita. Grandes livros pretos debaixo dos braços. Joviais como guardas de uma prisão na Sibéria. Golas clericais tão apertadas que fazem suas veias saltarem. Eles também gostam de fritar a carne. Mas não os bifes.

Mateus é o primeiro a sentir o calor. "Então você é um tipo de homem religioso", diz um deles, praticamente levantando uma sobrancelha. "Olhe as pessoas com quem você se reúne."

Mateus não sabe se fica irado ou se sai. Antes que tenha tempo para escolher, Jesus intervém, explicando que Mateus está exatamente onde precisa estar. "Não necessitam de médico os que estão sãos, mas sim os que estão enfermos. Eu não vim chamar os justos, mas sim os pecadores, ao arrependimento" (vv. 31,32).

Uma história e tanto! Mateus se transforma de enganador em discípulo. Ele organiza uma festa que deixa os religiosos bastante indignados, mas Cristo orgulhoso. Os bons se sentem bem, e os maus vão embora. Uma história e tanto, com certeza!

O que aprendemos com ela?

A sua opinião dependerá de que lado da mesa do publicano você se encontra. Você e eu somos Mateus. Não me olhe desse jeito. Há maldade suficiente em nós para nos qualificar para a mesa de Mateus. Talvez você nunca tenha cobrado impostos da forma desonesta como homens semelhantes a Mateus o faziam, mas já desobedeceu à verdade, já tomou créditos e elogios que não eram seus e já se aproveitou dos fracos. Você e eu? Mateus.

Se ainda estiver na mesa, estará recebendo um convite. "Segue-me." E se tiver uma reputação ruim? Mateus também tinha. Você pode acabar escrevendo o seu próprio evangelho.

Se já deixou a mesa, estará recebendo um esclarecimento. Você não tem de ser esquisito ou deixar de gostar dos seus amigos para seguir a Jesus. É exatamente o oposto. Algumas apresentações seriam algo bom. Você sabe como grelhar um bife?

Há algum tempo me pediram para jogar uma partida de golfe. O quarteto incluía dois pregadores, um líder de igreja e um "Mateus, antes de Cristo". A idéia de passar quatro horas com três cristãos, dois dos quais eram pregadores, não o atraía. Seu melhor amigo, um seguidor de Cristo e seu chefe, insistiu, e por esta razão ele concordou. Fico feliz em relatar que ele revelou ter sido uma experiência indolor. No nono buraco ele se virou para um de nós e disse, sorrindo: "Fico feliz por vocês serem normais". Acho que ele quis dizer o seguinte: "Fico feliz por vocês não terem me esbofeteado ou me espancado com 'tacos bíblicos'. Obrigado por rirem das minhas histórias e me contado algumas das suas. Obrigado por serem normais". Nós não abaixamos os padrões. No entanto, também não colocamos uma responsabilidade excessiva sobre os outros. Fomos legais. Normais e legais.

O discipulado é, às vezes, definido como ser normal.

Uma mulher em uma pequena comunidade do Estado de Arkansas era mãe solteira com um bebê fragilizado. Sua vizinha ficava com a criança para que ela pudesse ir às compras. Depois de algumas semanas, sua vizinha compartilhou mais do que o seu tempo; ela compartilhou a sua fé, e a mulher fez o que Mateus fez. Ela seguiu a Cristo.

As amigas da jovem mãe se opuseram: "Você sabe o que estas pessoas ensinam?"

"Aqui está o que eu sei", ela lhes disse. "Elas cuidaram do meu bebê."[1]

Acho que Jesus gosta deste tipo de resposta, você não acha?

4

A Mão que Deus Adora Segurar

Pessoas Desesperadas

MARCOS 5.25-34

Para ver a mão dela, você precisa olhar para baixo. Olhe para baixo. É onde ela vive. Baixo, ao nível do chão. Baixo, na lista de prioridades. Baixo, na escala social. Ela é inferior.

Você consegue ver? A mão dela? Áspera. Magra. Doente. A sujeira escurece as suas unhas e mancha a sua pele. Olhe cuidadosamente entre os joelhos e os pés da multidão. Eles estão correndo atrás de Cristo. Ele caminha. Ela rasteja. As pessoas esbarram na mulher, mas ela não pára. Outros reclamam. Ela não se importa; está desesperada. O sangue não fica no seu corpo. Na multidão havia certa mulher que há doze anos "tinha um fluxo de sangue" (Mc 5.25). Doze anos de clínicas, tratamentos, ervas e reuniões de oração.

Ela havia "padecido muito com muitos médicos" (v. 26). Você detecta algum charlatanismo nessas palavras? Médicos que não acabaram com a sua doença, mas que tiraram vantagem dela. Essa mulher havia "despendido tudo quanto tinha, nada lhe aproveitando isso, antes indo a pior" (v. 26).

Sem saúde. Sem dinheiro. Sem família para ajudar. Impura, de acordo com a Lei de Moisés. A Lei protegia as mulheres dos homens agressivos e insensíveis nessas épocas do mês. No caso dessa mulher, a aplicação da Lei a deixou não intocada, mas intocável, impura segundo o cerimonial. A mão que você vê na multidão? Aquela que tenta alcançar o manto? Ninguém deseja tocá-la.

Não foi sempre esse o caso. Certamente um marido a tomou em casamento no passado. A mão parecia diferente naqueles dias: limpa, macia, perfumada. Um marido amou essa mão no passado.

Uma família confiou nessa mão antes. Para cozinhar, para costurar, para enxugar lágrimas das faces, para dobrar as cobertas e guardá-las. Alguma vez as mãos de uma mãe estão quietas?

Apenas se estiver doente.

Quem sabe o marido tentou continuar com ela, levando-a aos médicos e aos centros de tratamento. Ou quem sabe ele desistiu rapidamente, cansado de seus cochilos, suas náuseas e sua anemia. Então, ele a colocou para fora de casa. Uma muda de roupas e algum dinheiro — e isso é tudo. Feche a porta.

Assim, ela não tinha nada. Sem dinheiro. Sem casa. Sem saúde. Os sonhos dilapidados. A fé diminuída. Não era bem-vinda na sinagoga. Não era desejada na comunidade. Durante doze anos ela vinha sofrendo. Não tinha nada, e sua saúde estava piorando.

Quem sabe foi isso o que aconteceu. Ela estava "indo a pior" (v. 26). Nessa manhã, mal podia ficar de pé. Ela jogou água no seu próprio rosto e ficou horrorizada pela imagem esquelética que viu no tanque. O que você e eu vemos nas fotos do campo de concentração de Auschwitz, ela viu no seu reflexo — a face esquelética, a pele cansada e dois olhos muito grandes.

Ela está desesperada. E do seu desespero nasce uma idéia.

Ela tinha ouvido "falar de Jesus" (v. 27). Qualquer sociedade tem uma central de boatos, até mesmo — ou especialmente — a sociedade dos doentes. O que se ouve entre os leprosos e os excluídos é o seguinte: Jesus pode curar. E Jesus está vindo. A convite do principal da sinagoga, Jesus está vindo a Cafarnaum.

É estranho encontrar o principal e a mulher na mesma história. Ele, poderoso. Ela, deplorável. Ele, muito procurado. Ela, insignificante. Ele é superior. Ela é inferior. Mas a filha dele está morrendo. A tragédia nivela a topografia social. Assim, eles se encontram no mesmo caminho, na cidade, e na mesma página da Bíblia.

Com a multidão aproximando-se, ela pensa: "Se tão-somente tocar nas suas vestes, sararei" (v. 28). Na hora certa, ela rasteja entre a multidão. Joelhos esbarram nas suas costelas. "Saia do caminho!", grita alguém. Ela não se importa e não pára. Doze anos nas ruas deixaram-na obstinada.

O manto de Jesus aparece. Quatro borlas dependuradas de fios azuis. Os ornamentos de santidade usados pelos homens judeus. Há quanto tempo ela não tocava alguma coisa sagrada? Ela estende a sua mão em direção a uma borla.

A sua mão doente. A sua mão cansada. A mão que o marido não quis mais e que já não é necessária para a família. Ela toca o manto de Jesus, e "logo se lhe secou a fonte do seu sangue, e sentiu no seu corpo estar já curada daquele mal" (v. 29).

A vida invade seu corpo rapidamente. O rosto pálido torna-se rosado. A respiração curta torna-se mais forte. A barragem se rompe e o rio inunda a sua vida. A mulher sente a força penetrar em si mesma. E Jesus? Jesus sente a saída do seu poder. "Jesus, conhecendo que a virtude de si mesmo saíra, voltou-se para a multidão e disse: Quem tocou nas minhas vestes?" (v. 30)

Os discípulos acham que é uma pergunta estranha. "Vês que a multidão te aperta, e dizes: Quem me tocou? E ele olhava em redor, para ver a que isso fizera" (vv. 31,32).

Será que podemos culpar essa mulher por sua timidez? Ela não sabe o que esperar. Jesus poderia repreendê-la, embaraçá-la. Além disso, Ele era a sua última esperança. Ela procurou a ajuda de uma dúzia de outros antes de procurar a dEle. E o povo? O que eles fariam? O que iria fazer o principal da sinagoga? Ele é justo. Ela é impura. E aqui está essa mulher, esticando-se até o convidado da cidade. Não é de admirar que esteja com medo.

Entretanto, ela tem uma razão para ter coragem. Ela está curada. "Então, a mulher, que sabia o que lhe tinha acontecido, temendo e tremendo, aproximou-se, e prostrou-se diante dele, e disse-lhe toda a verdade" (v. 33).

"Toda a verdade." Quanto tempo havia passado, desde a última vez que alguém parou o carro, desligou o motor e ouviu a sua história? Porém, quando essa mulher estende a mão para Jesus, Ele a ouve. Com o bispo da cidade esperando, uma garotinha morrendo e a multidão pressionando, Cristo ainda consegue tempo para uma mulher da periferia. Usando um termo que Ele não usou com mais ninguém naquela situação, o Senhor diz: "Filha, a tua fé te salvou; vai em paz e sê curada deste teu mal" (v. 34).

E Cristo prossegue.

E ela prossegue.

Mas nós não conseguimos. Não conseguimos porque já passamos por isto. Já fomos como esta mulher. Já estivemos em sua situação. Já sentimos o que ela sentiu. Desesperados. Sujos. Esgotados.

A doença tirou-lhe as forças. O que tirou as nossas? O excesso de correções? Muita bebida? Noitadas nos braços errados? Longos dias no trabalho errado? A gravidez precoce? Algo muito freqüente? Será que a mão dela é a sua mão? Se for, tenha coragem. A sua família pode afastar-se dela. A sociedade pode evitá-la. E Cristo? Cristo quer tocá-la. Quando a sua mão aparecer no meio da multidão, Ele saberá.

A sua mão é a mão que Ele adora segurar.

5

Tente outra vez

Pessoas Desencorajadas

LUCAS 5.1-11

Existe um olhar que diz: "É tarde demais". Você já viu esse olhar. O desviar dos olhos, o balançar da cabeça, o franzir dos lábios.

Falta um dia para o divórcio da sua amiga. Durante o cafezinho, você insiste: "Você não pode tentar uma vez mais?"

Ela encolhe os ombros. "Já fiz isso."

Seu pai e seu irmão não falam um com o outro. Isso já faz anos. "Você não quer tentar novamente?", você pergunta ao seu pai. Ele olha para o outro lado, respira profundamente e suspira.

Há cinco anos o ritmo da economia forçou a aposentadoria do seu marido. Você tenta tirar o melhor proveito da situação. "Você poderia voltar a estudar. Aprender uma nova profissão." Você poderia igualmente ter sugerido que ele nadasse até Londres. Ele balança a cabeça. "Estou muito velho... é tarde demais."

Tarde demais para salvar um casamento.

Tarde demais para a reconciliação.

Tarde demais para uma nova carreira.

Tarde demais para pescar um peixe. Ou, pelo menos, isso é o que Pedro pensa. Ele trabalhou durante a noite toda. Presenciou tanto o pôr-do-sol quanto o seu nascer, porém estes não tinham nada para lhe mostrar. Enquanto os outros pescadores limpavam os seus peixes, ele apenas limpou as suas redes. Mas agora Jesus quer que ele tente outra vez.

"E aconteceu que, apertando-o a multidão para ouvir a palavra de Deus, estava ele junto ao lago de Genesaré" (Lc 5.1).

O lago de Genesaré, ou Galiléia, é um volume de água de aproximadamente dez quilômetros por vinte, no norte de Israel. Hoje em dia a sua margem é tranqüila, atraindo apenas alguns ônibus de turismo e um punhado de pescadores. Todavia, no tempo de Jesus, a área era um alvoroço de gente. Nove das cidades costeiras possuíam uma população de mais de quinze mil pessoas. E parece que uma boa parte daquelas pessoas estava presente na manhã em que Cristo pregou na praia. Quanto mais gente chegava, mais gente se apinhava para ouvi-lo. Com cada empurrão, Jesus dava um passo para trás. Dentro de pouco tempo, Ele estava saindo da areia e entrando na água. Foi quando teve uma idéia.

> E viu estar dois barcos junto à praia do lago; e os pescadores, havendo descido deles, estavam lavando as redes. E, entrando num dos barcos, que era o de Simão, pediu-lhe que o afastasse um pouco da terra; e, assentando-se, ensinava do barco a multidão. E, quando acabou de falar, disse a Simão: faze-te ao mar alto, e lançai as vossas redes para pescar (vv. 2-4).

Jesus precisa de um barco; Pedro fornece um. Jesus prega; Pedro se satisfaz em escutar. No entanto, Jesus sugere uma viagem de pesca no meio da manhã, e Pedro lhe dirige um olhar. É aquele olhar de "tarde demais". Ele passa os dedos pelo cabelo, e suspira: "Mestre, havendo trabalhado toda a noite, nada apanhamos" (v. 5). Você consegue sentir a futilidade de Pedro?

Durante toda a noite o barco flutuou, sem peixes, sobre a superfície escura do mar. Lanternas de barcos distantes balançavam como vaga-lumes. Os homens lançavam as suas redes e enchiam o ar com o ritmo do trabalho.

Swish, slap... silêncio.

Swish, slap... silêncio.

Meia-noite.

Chegaram até eles as vozes excitadas do outro lado do lago. Outro barco tinha encontrado um cardume. Pedro pensou em mudar de lugar, mas decidiu não fazê-lo.

Swish, slap... silêncio.

São duas horas da manhã. Pedro descansa enquanto seu irmão pesca. Então André descansa. Tiago, num barco próximo, sugere que mudem de lugar. Os outros concordam. O vento enche as velas e leva os barcos até uma angra. O ritmo recomeça.

Swish, slap... silêncio.

Cada movimento da rede era frouxo. Frouxo demais. Nessa noite, o lago era uma verdadeira dama. Não importa quanto os homens piscassem e assobiassem, ela não se interessava.

Finalmente, raios dourados se apossaram do céu. Em muitas manhãs o nascer do sol inspira aos homens. Hoje, somente traz cansaço. Eles não queriam vê-lo. Quem quer atracar um barco vazio? Quem quer prender as amarras e fazer a limpeza, sabendo qual é a primeira pergunta que a sua esposa irá fazer? E, acima de tudo, quem quer ouvir um descansado carpinteiro convertido em rabino dizer: "faze-te ao mar alto, e lançai as vossas redes para pescar" (v. 4)?

Ah..., as coisas que Pedro deve ter pensado. *Estou cansado e exausto. Quero, na verdade, uma boa refeição e uma cama, e não uma viagem de pesca. Por acaso sou o seu guia turístico? Além disso, metade da Galiléia está vendo tudo isto. Eu já estou me sentindo um fracassado. Agora Ele quer que eu faça uma exibição de pesca, no meio da manhã? Não se consegue pescar pela manhã. Não conte comigo.*

Quaisquer que fossem os pensamentos de Pedro, eles resultaram em uma frase: "Mestre, havendo trabalhado toda a noite, nada apanhamos" (v. 5).

Você tem redes gastas, molhadas, vazias? Você conhece o sentimento de uma noite sem dormir e sem pescar? Claro que sim. O que é que você estava fazendo?

Sobriedade? "Eu tentei tanto ficar sóbrio, mas..."

Solvência? "A minha dívida é como uma bigorna em volta do meu pescoço..."

Fé? "Quero crer, porém..."

Cura? "Faz tanto tempo que estou doente..."

Um casamento feliz? "Não importa o que eu faça..."

Trabalhei a noite toda e não pesquei nada.

Você já se sentiu como Pedro. Já esteve onde ele está. E agora Jesus está pedindo que você vá pescar. Ele sabe que as suas redes estão vazias. Sabe que o seu coração está cansado. Ele sabe que tudo o que você quer é dar as costas para essa confusão e parar de trabalhar.

Mas ele insiste "Não é tarde demais para tentar novamente".

Veja se a resposta de Pedro não o ajuda a formular a sua própria: "... porque mandas, lançarei a rede" (v. 5).

Não havia muita paixão nessas palavras. Você esperaria um enorme sorriso e um soco no ar. "Jesus está no meu barco. Mamãe, aqueça o forno!" No entanto, Pedro não mostra entusiasmo. Ele não sente entusiasmo. Agora ele tem de desdobrar as redes, pegar os remos e convencer Tiago e João a adiar o seu descanso. Ele tem de trabalhar. Se a fé fosse medida em sementes, a sua mediria um angström. Inspirado? Não.

Obediente? Admiravelmente, sim. E um angström de obediência é tudo o que Jesus quer.

"Vá até as águas profundas", instrui o Deus-homem.

Por que as águas profundas? Você acha que Jesus sabia de alguma coisa que Pedro não sabia?

Você acha que Jesus está fazendo com Pedro o que nós, pais, fazemos com os nossos filhos? Eles encontram sozinhos a maior parte dos tesouros que escondemos. Eu sussurraria ao ouvido das minhas filhas "olhe atrás da árvore". Uma rápida olhada ao redor do tronco e, veja só, papai tinha razão. Encontrar tesouros é fácil para quem os escondeu. Encontrar peixes é fácil para o Deus que os criou. Para Jesus, o mar da Galiléia é um pequeno aquário num armário de cozinha.

Pedro lança a rede e observa enquanto ela desaparece. Lucas não nos conta o que Pedro fez enquanto esperava a rede afundar, mas eu vou contar (estou olhando para o céu, esperando que caiam raios de inspiração sobre a minha cabeça).

Eu gosto de pensar que Pedro, segurando a rede, olha por sobre o ombro para Jesus. E também gosto de pensar que Jesus, sabendo que Pedro está prestes a ser puxado para a água, começa a sorrir. Um sorriso de "caça ao tesouro" entre pai e filho. As bochechas subindo quase fecham os seus olhos. Um lampejo branco debaixo do seu bigode. Jesus tenta conter o sorriso, mas não consegue.

Há muito de que sorrir. É domingo de Páscoa, e o gramado está cheio de crianças. Espere até que elas olhem debaixo da árvore.

> E, fazendo assim, colheram uma grande quantidade de peixes, e rompia-se-lhes a rede. E fizeram sinal aos companheiros que estavam no outro barco, para que os fossem ajudar. E foram e encheram ambos os barcos, de maneira tal que quase iam a pique (vv. 6,7).

O braço de Pedro está dentro da água. É tudo o que ele consegue fazer, para agüentar até que os outros possam ajudar. Dentro de alguns instantes, os quatro pescadores e o carpinteiro estão rodeados de peixes, até a altura dos joelhos.

Pedro levanta os olhos, deixando de contemplar os peixes, e olha para o rosto de Jesus. Neste momento, pela primeira vez, ele enxerga Jesus. Não Jesus, o que encontra peixes. Não Jesus, o imã de multidões. Não Jesus, o rabino. Pedro enxerga Jesus, o Senhor.

Pedro cai, com o rosto no meio dos peixes. O mau cheiro não o incomoda. É com o seu próprio mau cheiro que ele está preocupado. "Senhor, ausenta-te de mim, por que sou um homem pecador" (v. 8). Cristo não tinha a menor intenção de atender a esse pedido. Ele não abandona os tolos confessos. Exatamente o oposto, Ele os alista. "Não temas; de agora em diante, serás pescador de homens" (v. 10).

Ao contrário do que você pode ter ouvido falar, Jesus não limita o seu recrutamento aos valentes. Os cansados e maltratados são os primeiros interessados no seu livro, e Ele é conhecido por aparecer nos barcos, nos bares e nos prostíbulos para lhes dizer: "Não é tarde demais para recomeçar".

Pedro aprendeu a lição. Porém, você quer saber de uma coisa? Pedro esqueceu a lição. Dois curtos anos mais tarde, este homem, que se confessou a Cristo no barco, o negou, quando pressionado. Na noite anterior à crucificação de Cristo, Pedro disse às pessoas que ele nunca ouvira falar de Jesus.

Ele não poderia ter cometido um erro mais trágico. Ele sabia disso. O rude pescador enterrou o seu rosto barbado em suas mãos ásperas e passou a noite de sexta-feira em prantos. Todos os sentimentos daquela manhã na Galiléia voltaram à tona.

Era tarde demais.

Mas então chegou o domingo. Jesus voltou! Pedro o viu. Ele estava convencido de que Cristo tinha voltado dos mortos. Contudo, aparentemente, Pedro não estava convencido de que Cristo tinha voltado por ele.

Assim, ele voltou para o barco — o mesmo barco, a mesma praia, o mesmo mar. Ele deixou a sua aposentadoria, e, com os seus companheiros, limpou as iscas, desembrulhou as redes e foi para o mar. Trabalharam durante toda a noite e, para dizer a verdade, não pescaram nada.

Pobre Pedro. Estragou tudo como um discípulo. Agora estragava tudo como um pescador. Quando ele começa a pensar se seria tarde demais para começar a trabalhar com carpintaria, o céu adquire uma cor laranja e eles ouvem uma voz que vem da margem: "Tiveram sorte?"

Eles gritam de volta: "Não".

"Tentem do lado direito do barco!"

Sem nada a perder e sem orgulho para proteger, eles resolvem tentar. "Lançaram-na, pois, e já não a podiam tirar, pela multidão dos peixes" (Jo 21.6). A sensação de "déjà vu", de já ter passado por isso, demora alguns instantes para atingir Pedro. Todavia, quando isso ocorre, ele se joga na água e nada o mais rápido que pode, para ver aquEle que o amava o suficiente para *recriar* um milagre. Desta vez ele entendeu a mensagem.

Pedro nunca mais saiu para pescar. Ele passou o resto de sua vida dizendo a qualquer pessoa que quisesse ouvir: "Nunca é tarde demais para tentar outra vez".

É tarde demais para você? Antes que você responda "sim", antes que você dobre as redes e vá para casa, vou lhe fazer algumas perguntas: Você deu o seu barco a Cristo? O seu sofrimento? O seu problema sem solução? A sua luta? Você realmente recorreu a Ele? E você foi fundo? Você chegou a ultrapassar as soluções superficiais que é capaz de enxergar, e foi em busca das provisões profundas que Deus pode lhe dar? Tente do outro lado do barco. Vá mais fundo do que você já foi. Você poderá encontrar o que Pedro encontrou. O resultado do seu segundo esforço não foi apenas a quantidade de peixes que ele pescou, mas o Deus que ele enxergou.

O Deus-homem, que encontra os pescadores cansados, que se importa o suficiente para entrar nos seus barcos, que dá as costas para a adoração de uma multidão porque quer resolver a frustração de um amigo. O Salvador que está bem ao nosso lado sussurra estas palavras àqueles que têm redes vazias: "Vamos tentar uma vez mais — desta vez, comigo a bordo".

6

A Terapia do Cuspe

Pessoas que Sofrem

JOÃO 9.1-38

O velho na esquina não o viu. A mulher que vende figos também não. Jesus o descreve aos escribas e às crianças. "Ele tem mais ou menos esta altura. As roupas estão em farrapos. A barba chega até a barriga."

Ninguém sabe de nada.

Durante a maior parte do dia, Jesus esteve procurando pelas ruas de Jerusalém. Ele não parou para almoçar. Não parou para descansar. O único momento em que seus pés não estão se movendo é quando ele está perguntando: "Por favor, você viu aquele sujeito que costumava pedir esmolas na esquina?"

Ele procurou no estábulo e examinou o telhado de uma choupana. Agora, Jesus vai de porta em porta. "Ele tem um olhar de sem-teto", Jesus diz às pessoas. "Ele é desgrenhado, sujo e tem as pálpebras enlameadas."

Finalmente, um garoto lhe dá uma pista. Jesus entra numa rua estreita em direção ao Templo e encontra o homem sentado num toco de madeira, entre dois burricos. Cristo se aproxima dele por trás e coloca a mão no seu ombro. "Então você está aqui! Eu estava procurando você." O sujeito se vira, e pela primeira vez vê aquEle que o curou da cegueira. E o que o homem faz em seguida, você vai achar difícil de acreditar.

Deixe-me atualizar as suas informações. João nos apresenta esse homem com estas palavras: "E, passando Jesus, viu um homem cego de nascença" (Jo 9.1). Ele nunca viu o sol nascer. Não consegue distinguir a cor rosa da roxa. Os discípulos culpam a sua árvore genealógica. "Rabi, quem pecou, este ou seus pais, para que nascesse cego?" (v. 2)

"Nem ele pecou, nem seus pais", responde o Deus-homem. Vamos voltar o nosso pensamento ao Paraíso e entender a sua condição. Qual a razão por que o homem nasceu sem visão? "Para que se manifestem nele as obras de Deus" (v. 3).

Isto é que é um papel ingrato. Destinado ao sofrimento. Alguns cantam a glória de Deus. Outros ensinam para a glória de Deus. Mas quem quer ser cego para a glória de Deus? O que é mais desagradável — a condição, ou descobrir que foi idéia de Deus?

A cura mostra-se tão surpreendente quanto a causa. Jesus "cuspiu na terra, e, com a saliva, fez lodo, e untou com o lodo os olhos do cego" (v. 6).

No mundo há vários quadros retratando o Deus-homem: no jardim do Getsêmani, no tribunal, na cruz do Calvário, no túmulo escuro. Jesus tocando, Jesus chorando, rindo, ensinando... porém, nunca vi um quadro de Jesus cuspindo.

Cristo mexendo os lábios uma ou duas vezes, juntando uma quantidade de saliva, formando uma bolha e cuspindo-a. Direto para a terra. Então ele se agacha, remexe uma pocinha de... sei lá o que, como você chamaria isso?

Massinha sagrada? Terapia do cuspe? Solução de saliva? Qualquer que seja o nome, Ele coloca uma porção na palma da mão e, tão calmamente como um pintor veda um buraco na parede, espalha o milagre do lodo nos olhos do homem cego. "Vai, lava-te no tanque de Siloé" (v. 7).

O mendigo vai ao tanque, joga água na sua cara coberta de lama e remove o barro. O resultado é o primeiro capítulo do Gênesis, apenas para ele. Luz onde antes havia escuridão. Os olhos inexperientes focalizam e as formas indistintas se transformam em seres humanos, e João recebe o que poderíamos chamar de "Prêmio pela Expressão mais Suavizada da Bíblia", ao escrever: "Foi... e voltou vendo" (v. 7).

Convenhamos, João! Não havia um verbo melhor? Que tal "ele *correu* de volta vendo"? Ou, "Ele *dançou* de volta vendo"? Ou ainda, "Ele *zuniu* de volta, gritando e beijando tudo o que ele podia ver pela primeira vez"? O sujeito tinha de estar emocionado.

Nós adoraríamos deixá-lo assim; contudo se a vida deste homem fosse o bufê de um restaurante do tipo "self-service", ele teria passado das verduras para as carnes nobres. Veja só a reação dos vizinhos: "Não é este aquele que estava assentado e mendigava? Uns diziam: É este. E outros: Parece-se com ele. Ele dizia: Sou eu" (vv. 8,9).

Essas pessoas não comemoram: elas debatem! Eles viram este homem tateando e tropeçando desde que ele era um menino (v. 20). Você imaginaria que eles ficariam contentes. No entanto, isso não acontece. Eles o levam até a igreja para ser posto à prova, segundo os ritos judaicos. Quando os fariseus pedem uma explicação, o ex-cego diz: "Pôs-me lodo sobre os olhos, lavei-me e vejo" (v. 15).

E mais uma vez fazemos pausa para os aplausos, mas ninguém aplaude. Não há reconhecimento. Não há celebração. Aparentemente, Jesus deixou de consultar o manual de curas. "E era sábado quando Jesus fez o lodo e lhe abriu os olhos... Então, alguns dos fariseus diziam: Este homem não é de Deus, pois não guarda o sábado" (vv. 14,16).

O veredicto dos líderes religiosos move a agulha. Existe uma resposta paralela. Suponha que a piscina onde você se diverte tenha um cartaz no muro onde se lê: "Os Salvamentos só Podem Ser Realizados por Salva-vidas Diplomados". Você nunca pensa bem ou mal sobre essa regra, até o dia que bate a cabeça no fundo. Você desmaia, a três metros de profundidade.

A seguir, se dá conta de que está de barriga para baixo ao lado da piscina, cuspindo água. Alguém salvou você. E quando o salva-vidas aparece, a pessoa que puxou você do fundo desaparece. Recobrando os sentidos, você conta a história. Entretanto, em vez de se alegrarem, as pessoas recuam. "Não vale! Não vale!", eles gritam como árbitros de um jogo de basquete desconsiderando uma bola na cesta depois de expirado o tempo. "Não foi oficial. Não foi legal. Como o salvador não era diplomado, considere-se afogado."

Quer apostar? Será que ninguém vai alegrar-se por esse homem? Os vizinhos não o fizeram. Os pregadores também não. Espere, aqui chegam os pais do ex-cego. Porém, a reação deles é ainda pior.

> Os judeus, porém, não creram que ele tivesse sido cego e que agora visse, enquanto não chamaram os pais do que agora via. E perguntaram-lhes, dizendo: É este o vosso filho, que vós dizeis ter nascido cego? Como, pois, vê agora? Seus pais responderam e disseram-lhes: Sabemos que este é nosso filho e que nasceu cego, mas como agora vê não sabemos; ou quem lhe tenha aberto os olhos não sabemos; tem idade; perguntai-lho a ele mesmo, e ele falará por si mesmo. Seus pais disseram isso, porque temiam os judeus, porquanto já os judeus tinham resolvido que, se alguém confessasse ser ele o Cristo, fosse expulso da sinagoga (vv. 18-22).

Como eles podem fazer isso? Está bem, ser expulso da sinagoga é sério. Mas recusar ajuda ao seu filho não é ainda mais sério?

Quem estava realmente cego naquele dia? Os vizinhos não viram o homem; eles viram uma novidade. Os líderes da igreja não viram o homem; eles viram um assunto técnico. Os pais não viram o seu filho; eles viram uma dificuldade social. No final, ninguém o viu. Então, "expulsaram-no" (v. 34).

E aqui está ele, numa rua estreita em Jerusalém. Esse sujeito tem de estar completamente confuso. Nascer cego só para ser curado. Ser curado somente para ser chutado. Ser chutado apenas para ficar sozinho. O pico do Everest e o calor do Saara, tudo no mesmo sábado. Agora, ele nem mesmo pode pedir esmolas. Como ele estaria se sentindo?

Certamente conhecemos muitas histórias. Eu sei de um homem que teve de enterrar quatro filhos. Uma mãe solteira na nossa igreja está criando dois filhos autistas. Nós enterramos uma vizinha cujo câncer levou a problemas de coração, e conseqüentemente à pneumonia. A sua ficha médica era tão grossa como um catálogo telefônico. Será que algumas pessoas parecem receber mais do que a sua cota de cartas ruins?

Se a resposta for sim, Jesus sabe. Ele sabe como eles se sentem, e onde eles estão. "Jesus ouviu que o tinham expulsado" e o encontrou (v. 35). Se nascer na manjedoura não for suficiente... Se três décadas de caminhadas pela terra e realização de milagres não forem suficientes... Se houver qualquer dúvida com respeito à devoção completa a Deus, Ele faz coisas como esta. Ele localiza um mendigo problemático.

O mendigo levanta os olhos para olhar o rosto daquele que começou tudo isto. Será que ele vai criticar Cristo? Reclamar a Cristo? Você não poderia culpá-lo por fazer ambas as coisas. Afinal, ele não se apresentou como voluntário nem para a doença nem para a sua cura. Mas ele não faz nenhuma das duas coisas. Não, ele "o adorou" (v. 38). Você não pensa que ele se ajoelhou? Não acha que ele chorou? E como ele poderia deixar de colocar os seus braços em volta da cintura daquEle que lhe deu a visão? Ele o adorou.

E quando você o enxergar, você também o adorará.

Como é que eu me atrevo a afirmar isso? Este livro será segurado por mãos com artrite. Estes capítulos serão lidos por olhos cheios de lágrimas. Algumas pessoas estarão em cadeiras de rodas, e alguns corações desejarão ardentemente a esperança. Mas "a nossa leve e momentânea tribulação produz para nós um peso eterno de glória mui excelente" (2 Co 4.17).

No dia em que você enxergar o seu Salvador, a sua emoção será um milhão de vezes maior do que a que Joni Eareckson Tada sentiu no dia do seu casamento. Você conhece a história dela? Um acidente de mergulho deixou-a paralítica aos dezessete anos. Praticamente todos os seus mais de cinqüenta anos foram passados numa cadeira de rodas. A sua deficiência não impediu que ela escrevesse, ou pintasse, ou falasse do seu Salvador. Nem impediu que ela se casasse com Ken. Todavia, quase a impediu de sentir a alegria do casamento.

Ela deu o melhor de si. O seu vestido estava arranjado sobre uma armação metálica destinada a cobrir a cadeira de rodas. Com flores no colo e um brilho no olhar, ela se sentia "flutuando no Desfile das Rosas".

Uma rampa havia sido construída, conectando a entrada com o altar. Enquanto esperava o momento de passar por ela, Joni fez uma descoberta. No seu vestido havia uma mancha de graxa, grande e negra, cortesia da cadeira. E a cadeira, embora "elegante, era ainda aquela coisa grande e desajeitada". Então, o buquê de margaridas no seu colo saiu de posição; as suas mãos paralisadas foram incapazes de arrumá-lo. Ela sentia-se muito distante da perfeita imagem de uma noiva das revistas.

Ela moveu a cadeira para frente e olhou pelo corredor. Foi quando viu o noivo:

> Eu o vi lá na frente, em pé, atento, alto e elegante na sua roupa formal. O meu rosto pegou fogo. Meu coração começou a bater forte. Os nossos olhos se encontraram e, surpreendentemente, daquele momento em diante tudo mudou.
>
> A minha aparência já não importava mais. Eu me esqueci completamente da cadeira de rodas. Manchas de graxa? Flores fora de lugar? Quem se importa? Eu já não me sentia feia ou indigna; o amor nos olhos de Ken removeu tudo isso. Eu era a noiva pura e perfeita. Isso é o que ele via, e foi isso o que me modificou. Foi preciso muito controle para não sair em alta velocidade e correr pelo corredor para estar com o meu noivo.[1]

Quando ela o viu, esqueceu-se de si mesma.

Quando você o enxergar, fará a mesma coisa.

Eu sinto muito pelo seu vestido cheio de graxa. E pelas suas flores — elas têm a tendência de escorregar, não é mesmo? Quem tem a resposta para as doenças, para o trabalho enfadonho e para a escuridão nesta vida? Eu não tenho. Mas sabemos que tudo muda quando você olha para o seu Noivo.

E Ele está vindo. Exatamente como veio para o homem cego. Jesus está vindo por você. A mão que tocou o ombro do cego irá tocar a sua face. O rosto que mudou a vida dele irá mudar a sua.

E quando enxergar Jesus, você se curvará em adoração.

7

O que Jesus Diz nos Funerais

Pessoas Aflitas

JOÃO 11.1-44

Você nunca sabe o que dizer num velório. Este não é uma exceção. A capela está em silêncio, como uma biblioteca. As pessoas se cumprimentam com sorrisos suaves e acenos de cabeça. Você não diz nada.

O que há para ser dito? Há um morto no recinto, pelo amor de Deus! No mês passado, você o tinha levado para almoçar fora. Você e Lázaro riram juntos de vários assuntos. Descontando uma tosse feia, ele parecia estar bem.

Naquela semana você ficou sabendo do diagnóstico. O médico lhe dera seis dias de vida. Ele nem chegou a durar todo esse tempo. Agora vocês estão no seu velório. Lázaro, no caixão. Você, no banco. A morte silenciou vocês dois.

A igreja está cheia de gente, então você fica em pé, no fundo. Os vitrais filtram o sol da tarde, refletindo raios avermelhados e dourados nos rostos. Você reconhece muitas pessoas. Betânia é uma cidade pequena. Você conhece bem as duas mulheres no banco da frente. Marta e Maria são as irmãs de Lázaro. A quieta e pesarosa Maria. A alvoroçada e ocupada Marta. Nem mesmo agora ela consegue ficar parada. Ela fica olhando por cima do ombro. *Para quem?*, você imagina.

Em alguns instantes entra a resposta. E quando Ele entra, ela corre pelo corredor para encontrá-lo. Se não soubesse o nome dEle, os muitos sussurros teriam informado. "É Jesus." Todas as cabeças se voltam.

Ele está usando uma gravata, embora você tenha a impressão de que Ele raramente faz isso. O colarinho parece apertado e o paletó, usado. Uma dúzia de homens, ou mais, o seguem; alguns ficam no corredor, outros na entrada. Eles têm uma expressão enrugada, de gente cansada, como se tivessem viajado durante toda a noite.

Jesus abraça Marta, e ela chora. Enquanto isso, você pensa... Você imagina o que Jesus vai fazer. Você imagina o que Jesus vai dizer. Ele deu ordens aos ventos e aos demônios. Notável. E a morte? Será que o Mestre tem algo a dizer sobre a morte? Os seus pensamentos são interrompidos pela acusação de Marta: "Senhor, se tu estivesses aqui, meu irmão não teria morrido" (Jo 11.21).

Você não pode culpá-la por sua frustração. Ela e Jesus não são amigos? Quando Jesus e seus seguidores não tinham outro lugar para ir, "certa mulher, por nome Marta, o recebeu em sua casa" (Lc 10.38). Maria e Marta conhecem Jesus. Elas sabem como Ele ama Lázaro. Elas mandaram um mensageiro dizer a Jesus: "Senhor, eis que está enfermo aquele que tu amas" (Jo 11.3). Isto não é um pedido de um fã. É um amigo precisando de ajuda.

Precisando desesperadamente de ajuda. A língua grega tem duas palavras principais para expressar "doença": uma delas descreve a presença da doença; a outra, os seus efeitos. Marta usa a segunda. Uma tradução exata do seu apelo seria: "Senhor, aquele que tu amas está afundando rapidamente".

Amigos enviam um apelo urgente a Cristo, e o que é que Ele faz? "Ficou ainda dois dias no lugar onde estava" (v. 6). Quando Ele chega, Marta está tão desgostosa que mal sabe o que dizer. Num impulso, ela acusa: "Senhor, se tu estivesses aqui, meu irmão não teria morrido" (v. 21). Com a frase seguinte ela decide: "Mas também, agora, sei que tudo quanto pedires a Deus, Deus to concederá" (v. 22).

Qualquer velório tem as suas Martas. No meio dos familiares do morto estão os confusos. "Ajuda-me a entender isto, Jesus."

Esta tem sido a oração de Karen Burris Davis desde aquela manhã de novembro, quando o seu filho deixou de levantar-se — e conseqüentemente o seu sol deixou de nascer. Jacob tinha treze anos. Era a imagem da saúde. Quatro médicos legistas não descobriram a causa da morte. Quando perguntada sobre o assunto, ela respondia: "Não há resposta".

> Sinto tanta falta de Jacob que não tenho certeza de conseguir superar tudo isto. Eu vou ao cemitério, sabendo que o seu corpo está ali embaixo, e penso como é insano esse sentimento de que, se eu começar a cavar, vou vê-lo só mais uma vez. Eu quero tanto sentir o cheiro do seu cabelo e tocá-lo... Como o perfume de uma pessoa desaparece rapidamente. Eu pensava que ele permaneceria para sempre, aquele cheiro forte de rapaz e aqueles tênis mal cheirosos. Claro que algumas vezes ele realmente tinha cheiro de sabonete e xampu. A casa está tão vazia, sem todo aquele barulho e os planos que ele fazia.[1]

O luto cobre o coração de névoa, como numa manhã cinzenta. A pessoa de luto ouve as ondas, mas não vê a água. Percebe as vozes, mas não os rostos. A vida da pessoa entristecida transforma-se na vida de um "observador de pés, caminhando pelos aeroportos ou pela mercearia, olhando para os pés e metodicamente movendo-se por um mundo nublado. Um pé depois do outro".[2]

Marta estava num mundo úmido, cheio de nuvens e lágrimas. E Jesus estava ali com ela. "Eu sou a ressurreição e a vida; quem crê em mim, ainda que esteja morto, viverá" (v. 25). Ouça essas palavras num tom ainda mais forte: "EU SOU A RESSURREIÇÃO E A VIDA!!!" Você imagina um Salvador insensível, ignorando as lágrimas de Marta e Maria, e, ao fazer isso, dizendo aos que estão de luto que se levantem e confiem?

Eu não. Não, por causa do que Jesus faz em seguida. Ele chora. Ele se assenta no banco entre Maria e Marta, abraça-as e soluça. Entre os três, uma onda de tristeza se agita; uma enxurrada de lágrimas é derramada. Lágrimas que reduzem a vestígios as concepções de aquarela do cavaleiro Cristo. Jesus chora.

Ele chora com elas.

Ele chora por elas.

Ele chora com você.

Ele chora por você.

Ele chora para que nós saibamos: prantear não significa não acreditar. Os olhos cheios de lágrimas não representam um coração sem fé. Uma pessoa pode entrar num cemitério confiante da vida após a morte e ainda ter uma cratera enorme no coração. Assim foi com Cristo. Ele chorou e sabia que veria Lázaro vivo dentro de poucos minutos!

E as lágrimas dEle dão permissão para que você também derrame as suas. O luto não significa que você não confia; mas sim que não suporta o pensamento de outro dia sem Jacob ou Lázaro na sua vida. Jesus deu o amor; por esta razão Ele entende as lágrimas. Então chore, porém não chore como aqueles que não conhecem o resto desta história.

Jesus toca o rosto de Marta, dá um abraço em Maria, fica em pé e volta-se para olhar o cadáver. A tampa do caixão está fechada. Então, Cristo pede que a abram. Marta meneia a cabeça e acha um absurdo. Todavia... "tiraram... a pedra".

Pelo fato de estar em pé, você consegue ver a face de Lázaro. Está branco como cera. Você pensa que Jesus vai chorar novamente. Você nunca esperaria que Ele falasse com o seu amigo.

Entretanto, Ele faz isso. A alguns passos do caixão, Jesus grita: "Lázaro, vem para fora" (v. 43).

Os pregadores sempre se dirigem aos vivos. Mas aos mortos? Uma coisa é certa. É melhor que haja algum ruído nesse caixão, ou este pregador vai direto para a terapia. Você e todos os demais ouvem o ruído. Há movimento no caixão. "E o defunto saiu..." (v. 44)

Os mortos não fazem isto — fazem? Os mortos não saem do caixão. Os mortos não acordam. Corações mortos não batem. O sangue morto não circula. Os pulmões mortos não respiram. Não, os mortos não saem do caixão — a menos que ouçam a voz do Senhor da vida.

Os ouvidos dos mortos podem ser surdos para a sua voz e a minha, mas não para a dEle. Cristo é "Senhor tanto dos mortos como dos vivos" (Rm 14.9). Quando Cristo fala com os mortos, eles ouvem. Realmente, se Jesus não tivesse chamado Lázaro pelo nome, o ocupante de cada túmulo na terra teria se levantado.

Lázaro salta do caixão, pisca e olha em volta como se alguém o tivesse trazido até ali enquanto dormia. Uma mulher grita. Outra desmaia. Todos gritam. E você? Você aprendeu alguma coisa. Aprendeu o que dizer nos velórios.

Você aprendeu que há um momento para não dizer nada. As suas palavras não podem dissipar o nevoeiro, mas a sua presença pode aquecê-lo. E as suas palavras não podem devolver Lázaro às suas irmãs, mas as palavras de Deus podem. E é somente uma questão de tempo antes que Ele fale. "O mesmo Senhor descerá do céu com alarido... e os que morreram em Cristo ressuscitarão primeiro" (1 Ts 4.16).

Até então, nos entristecemos e choramos, porém não como aqueles que não têm esperança.

E nós ouvimos. Ouvimos a sua voz. Porque sabemos que Ele tem a palavra final sobre a morte.

8

Expulsando o Inferno

Pessoas Atormentadas

MARCOS 5.2-20

> E, saindo ele do barco, lhe saiu logo ao seu encontro, dos sepulcros, um homem com espírito imundo, o qual tinha a sua morada nos sepulcros, e nem ainda com cadeias o podia alguém prender. Porque, tendo sido muitas vezes preso com grilhões e cadeias, as cadeias foram por ele feitas em pedaços, e os grilhões, em migalhas, e ninguém o podia amansar. E andava sempre, de dia e de noite, clamando pelos montes e pelos sepulcros e ferindo-se com pedras (Mc 5.2-5).

Cabelo ouriçado, grudado. Uma barba até o peito, manchada de sangue. Olhos furtivos, movendo-se rapidamente em todas as direções, sem se fixar em nada. Nu. Sem sandálias para proteger os pés das pedras do chão ou roupas para proteger a pele das pedras da sua mão. Ele se fere com pedras. Os ferimentos mancham a sua pele como manchas de tinta. Feridas abertas e cortes atraem moscas.

A sua casa é um mausoléu de calcário, um cemitério da costa da Galiléia, no despenhadeiro. Aparentemente ele sente-se mais seguro entre os mortos do que entre os vivos.

E isso agrada aos vivos. Ele os confunde. Está vendo os grilhões rompidos nas suas pernas, e as cadeias quebradas nos seus pulsos? Eles não conseguem controlar esse homem. Nada o detém. Como você controla o caos? Os viajantes contornam aquela área porque têm medo (Mt 8.28). Os habitantes da cidade tinham um problema; nós, uma imagem — uma imagem da obra de Satanás.

De que outra maneira podemos explicar o nosso comportamento bizarro? Os ataques de violência de um pai. As bebedeiras secretas de uma mãe. A repentina rebeldia de um adolescente. Gastos acima do limite dos cartões de crédito. Pornografia na internet. Satanás não pára. Um olhar rápido em direção ao homem selvagem revela o objetivo de Satanás para você e para mim.

A dor auto-infligida. O endemoninhado usava pedras. Somos mais sofisticados; usamos drogas, sexo, trabalho, violência e comida (o inferno faz com que machuquemos a nós mesmos).

Obsessão pela morte e pela escuridão. Mesmo sem correntes, o homem selvagem permanece entre os mortos. E neste lugar, o demônio sente-se em casa. Conversar com os mortos, sacrificar os vivos, uma mórbida fascinação pela morte e pelos moribundos — isto não é obra de Deus.

Inquietude incessante. O homem na costa leste gritava de dia e de noite (Mc 5.5). Satanás origina um frenesi feroz. "O espírito imundo... anda...", diz Jesus, "buscando repouso" (Mt 12.43).

Isolamento. O homem está completamente sozinho no seu sofrimento. Assim é o plano de Satanás. "O diabo, vosso adversário, anda em derredor, bramando como leão, buscando *a quem possa* tragar" (1 Pe 5.8, ênfase do autor). O companheirismo frustra a obra de Satanás.

E Jesus?

Jesus destrói a sua obra. Cristo sai do barco com as duas armas disparando: "Sai deste homem, espírito imundo" (Mc 5.8).

Sem bate-papo. Sem sutileza. Sem cumprimentos. Os demônios não merecem tolerância. Eles se lançam aos pés de Cristo, esperando a sua misericórdia. O líder da horda implora pelos demais:

> Que tenho eu contigo, Jesus, Filho do Deus Altíssimo? Conjuro-te por Deus que não me atormentes... [Jesus] perguntou-lhe: Qual é o teu nome? E lhe respondeu, dizendo: Legião é o meu nome, porque somos muitos. E rogava-lhe muito que os não enviasse para fora daquela província. (vv. 7,9,10).

Legião é um termo militar romano. Uma legião romana representava seis mil soldados. Imaginar essa quantidade de demônios habitando este homem é assustador, mas não irreal. Os morcegos são para uma caverna o que os demônios são para o inferno — é impossível contá-los, porque são muito numerosos.

Os demônios não são apenas numerosos; são também equipados. Uma legião é um batalhão em um exército. Satanás e seus amigos vêm lutar. Por essa razão, somos convocados com as seguintes palavras: "Tomai toda a armadura de Deus, para que possais resistir no dia mau e, havendo feito tudo, ficar firmes" (Ef 6.13).

E bem que deveríamos, porque eles são organizados. Porque temos de lutar "contra os principados, contra as potestades, contra os príncipes das trevas deste século, contra as hostes espirituais da maldade, nos lugares celestiais" (Ef 6.12). Jesus falou das "portas do inferno" (Mt 16.18), uma expressão que sugere o "conselho do inferno". O nosso Inimigo tem um exército espiritual complexo e conspirador. E ele é "forte".

No entanto — e é isto que é importante nessa passagem —, na presença de Deus, Satanás é fraco. Ele é para Deus o que um mosquito é para uma bomba atômica.

> E andava ali pastando no monte uma grande manada de porcos. E todos aqueles demônios lhe rogaram, dizendo: Manda-nos para aqueles porcos, para que entremos neles. E Jesus logo lho permitiu. E, saindo aqueles espíritos imundos, entraram nos porcos; e a manada se precipitou por um despenhadeiro no mar (eram quase dois mil) e afogou-se no mar (vv. 11-13).

Como a corte do inferno se curva na presença de Deus! Os demônios fazem reverência, suplicam e obedecem. Eles não podem sequer pegar um porco sem a sua permissão. Então, como é que se explica a influência de Satanás?

Natalie[1] deve ter feito esta pergunta mil vezes. Na lista de personagens de uma história dos gadarenos modernos, o seu nome está próximo da primeira posição. Ela foi criada num mundo atormentado.

A comunidade não suspeitava de nada. Seus pais tinham uma aparência amigável. Todos os domingos desfilavam com Natalie e suas irmãs pelo corredor da igreja. O seu pai era um presbítero. A sua mãe tocava piano. Eram respeitados pela congregação. Natalie os desprezava. Até hoje, ela se recusa a chamar seus pais de "mãe" e "pai". Um "bruxo" e uma "feiticeira" não merecem tal distinção.

Quando ela tinha seis meses de idade, eles sacrificaram Natalie sexualmente no altar do inferno, fazendo dela um objeto sexual a ser explorado pelos homens em qualquer lugar e a qualquer hora. Os sectários tornaram o seu mundo bipolar: vestindo-a de branco para as orações do domingo e, horas mais tarde, despindo-a na reunião do culto. Se ela não gritasse nem vomitasse durante o ataque, ganhava um sorvete como recompensa. Apenas "escondendo-se lá no seu íntimo" ela poderia sobreviver.

Natalie milagrosamente escapou de tal seita, mas não das lembranças. Já adulta, ela usava seis calcinhas como uma barreira de proteção. Os vestidos criavam vulnerabilidade; ela os evitava. Ela detestava ser mulher; odiava ver homens; odiava estar viva. Somente Deus podia saber a legião de terrores que a perseguiam. E Ele sabia.

Escondida no pantanal da sua alma havia uma ilha intocada. Pequena, mas segura. Construída, segundo ela acreditava, pelo seu Pai Celestial durante as horas em que a garotinha se assentava no banco da igreja. Palavras do seu amor, hinos da sua misericórdia — eles deixaram a sua marca. Ela aprendeu a retirar-se para essa ilha e orar. Deus ouviu as suas orações. Vieram os conselhos. A esperança começou a compensar o horror. A sua fé gradualmente valia mais do que os seus medos. O processo de cura foi longo e tedioso, porém vitorioso, culminando no seu casamento com um homem fiel e temente a Deus.[2]

A sua libertação não incluiu precipícios nem porcos; todavia, não se iluda, ela foi liberta. E isto nos faz lembrar do seguinte: Satanás pode nos perturbar, mas não nos derrotar. A cabeça da serpente é esmagada.

Eu vi uma imagem literal disso num fosso, numa campina. Uma companhia de petróleo estava contratando "ombros fortes e cabeças fracas" para construir um oleoduto. Como eu estava qualificado, passei grande parte de um verão escavando uma vala até a altura dos ombros, muito extensa, no oeste do Texas. Uma grande escavadeira ia à nossa frente. Nós íamos atrás, retirando o excesso de terra e de rochas.

Numa tarde, a máquina deslocou algo mais do que terra. "Cobra!", gritou o capataz. Saltamos daquele buraco mais rápido do que um boneco salta de uma caixa de surpresas, e vimos o ninho da cascavel. Mamãe cobra silvava, e os seus filhinhos se retorciam. Entrar outra vez no fosso não era uma opção. Um dos operários atirou a sua pá e decapitou a cobra. Ficamos na parte mais alta do terreno e assistimos enquanto ela — agora sem cabeça — se retorcia e debatia-se na terra. Embora sem dentes, a serpente ainda nos assustava.

Puxa, Max, obrigado por essa imagem inspiradora.

Inspiradora? Talvez não. E auspiciosa? Penso que sim. Aquela cena no verão do Texas é uma parábola de onde estamos na vida. O demônio não é uma serpente? João o chama de "a antiga serpente, que é o diabo e Satanás" (Ap 20.2).

E ele não foi decapitado? Não com uma pá, mas sim com uma cruz. "Despojando os principados e potestades, os expôs publicamente e deles triunfou em si mesmo" (Cl 2.15).

E como é que tudo isto nos deixa? *Confiantes*. O ponto alto dessa passagem é o poder de Jesus Cristo sobre Satanás. Basta uma palavra de Cristo, e os demônios estão nadando com os porcos, e o homem selvagem está "vestido e em perfeito juízo" (Mc 5.15). Basta uma ordem! Não é necessária uma sessão espírita. Sem truques. Não se ouvem cânticos nem se acendem velas. O inferno é um formigueiro contra o rolo compressor dos céus. Jesus "ordena aos espíritos imundos, e eles lhe obedecem!" (Mc 1.27) A serpente no fosso e Lúcifer no inferno — ambos encontraram um adversário mais forte do que eles.

E, ainda assim, ambos se agitam por muito tempo depois da sua derrota. Por esse motivo, embora confiantes, ainda somos *cuidadosos*. Para um verme velho e desdentado, Satanás até que tem uma mordida forte! Ele assombra o nosso trabalho, atrapalha as nossas atividades e deixa-nos pensando duas vezes sobre onde estamos pisando. O que precisamos fazer? "Sede sóbrios, vigiai, porque o diabo, vosso adversário, anda em derredor, bramando como leão, buscando a quem possa tragar" (1 Pe 5.8). É preciso estar alerta. Não é preciso ter pânico. A serpente ainda se contorce e intimida, mas não tem veneno. Ela está derrotada, e sabe disso! O diabo sabe que "tem pouco tempo" (Ap 12.12).

"Maior é o que está em vós do que o que está no mundo" (1 Jo 4.4). Acredite nisso. Confie na obra do seu Salvador. "Resisti ao diabo, e ele fugirá de vós" (Tg 4.7). Enquanto isso, tudo o que ele pode fazer é contorcer-se.

9

Não Depende de Você

Pessoas espiritualmente Cansadas

JOÃO 3.1-6

Eu e minha cadela Molly não estamos nos entendendo bem. O problema não está na sua personalidade. Uma vira-lata tão meiga como ela é difícil de se encontrar. Para Molly, todos são amigos e todo dia um feriado. Não tenho problemas com a sua atitude. Os meus problemas são os hábitos da minha cadelinha.

Come restos da lata de lixo. Lambe os pratos sujos da máquina de lavar. Espalha pássaros mortos pela minha calçada e rouba ossos do cão do vizinho. É uma vergonha! Ela rola na grama, mastiga as patas, faz suas necessidades no lugar errado e, fico até constrangido em admitir, mata sua sede na água do vaso do banheiro.

Mas que espécie de comportamento é esse?

Comportamento de cachorro, você vai responder.

E você está certo. Muito certo. O problema de Molly não é seu. Ela tem o problema de um cão. É a natureza do cão que a faz proceder assim. E é essa natureza que estou querendo modificar. Veja bem, não é apenas o seu comportamento. Uma escola para cães pode modificar os seus atos, porém quero ir mais a fundo. Eu quero modificar tudo aquilo que ela é.

Eis a minha idéia: uma transfusão daquilo que eu sou para Molly. Colocar nela uma semente do Max. Quero dar-lhe um grão de caráter humano. À medida que ela crescer, será que não vai mudar? A natureza humana se desenvolveria enquanto a natureza canina ficaria cada vez menor. Seríamos testemunhas não apenas de uma mudança de hábitos, mas de uma mudança de essência. Com o tempo, Molly ficaria menos parecida com ela mesma e mais parecida comigo, compartilhando a minha aversão a saborear restos do lixo, engolir líquidos da privada e lamber pratos. Minha cadela teria adquirido uma nova natureza. Denalyn poderia até permitir que se assentasse à mesa para as refeições.

Você está achando que este plano é maluco? Então apresente esse plano a Deus. A idéia foi dEle.

Deus está fazendo conosco, o que eu gostaria de fazer com Molly. Ele muda a nossa natureza de dentro para fora. "E vos darei um coração novo e porei dentro de vós um espírito novo; e tirarei o coração de pedra da vossa carne e vos darei um coração de carne. E porei dentro de vós o meu espírito e farei que andeis nos meus estatutos, e guardeis os meus juízos, e os observeis" (Ez 36.26,27).

Deus não nos envia a uma escola de obediência para aprender novos hábitos; Ele nos envia a um hospital para recebermos um novo coração. Esqueça os treinamentos; Deus nos fará transplantes.

Isso pode parecer uma coisa bizarra? Imagine como teria parecido a Nicodemos:

> E havia entre os fariseus um homem chamado Nicodemos, príncipe dos judeus. Este foi ter de noite com Jesus e disse-lhe: Rabi, bem sabemos que és Mestre vindo de Deus, porque ninguém pode fazer estes sinais que tu fazes, se Deus não for com ele (Jo 3.1,2).

Nicodemos é muito comovente. Além de ser um entre seis mil fariseus, ele é um administrador, um dos setenta homens que faziam parte do conselho supremo. Podemos considerá-lo como um nobre religioso de sangue azul. Ele representava para a Lei de Moisés o que os juízes representam para a Suprema Corte. Um especialista. Suas credenciais o identificam tão bem como o manto nas costas de um rei. Nicodemos, um Ph.D. e Th.D. As universidades o disputam para seu conselho. As conferências exigem sua presença na plataforma. Quando se trata de religião, ele a tem em abundância; quando se trata da vida, ele está cansado.

Como bom judeu, Nicodemos está tentando obedecer ao Talmud. O que não é um empreendimento muito fácil. Ele tem vinte e quatro capítulos sobre leis relacionadas somente à observação do Sábado. Veja uma pequena amostra:

- Não coma nada que seja maior que uma azeitona. E se morder uma azeitona e descobrir que está podre, aquilo que cuspir também faz parte de sua permissão.

- Você pode levar tinta suficiente para escrever duas cartas, mas banhos não são permitidos com receio de molhar e lavar o chão.

- Os alfaiates não podem carregar agulhas.
- As crianças não podem jogar bola. Ninguém pode carregar um fardo maior que um figo, mas qualquer coisa cujo peso seja igual à metade de um figo pode ser carregada por duas vezes.[1]

Puxa!

Será que um cientista consegue estudar as estrelas e nunca derramar lágrimas diante do seu esplendor? Pode um teólogo estudar a Lei até decifrar o número do sapato de Moisés e ainda lhe faltar a paz necessária para uma boa noite de sono?

Talvez essa seja a razão pela qual Nicodemos veio à noite. Ele está cansado, porém não consegue dormir. Cansado de regras e regulamentos e de pouco descanso. Nicodemos está procurando uma mudança. E tem um palpite de que Jesus poderá realizá-la.

Embora não faça nenhuma pergunta, Jesus lhe oferece uma resposta: "Na verdade, na verdade te digo que aquele que não nascer de novo não pode ver o Reino de Deus" (v. 3).

Essa é uma linguagem radical. Para ver o Reino de Deus, precisamos renascer em Deus. Nicodemos vacila perante tão imenso conceito: "Como pode um homem nascer, sendo velho? Porventura, pode tornar a entrar no ventre de sua mãe e nascer? (v. 4).

Acho que você gosta muito dessa última palavra: "Pode?" Nicodemos sabe que um homem adulto não consegue voltar ao ventre de sua mãe. Não existe nenhum botão de retrocesso no vídeo da vida... não é mesmo? Não podemos recomeçar... podemos? Um homem não pode nascer de novo... pode? O que provoca essa pergunta? O que faz Nicodemos acrescentar essas palavras? O velho Nick devia conhecer o assunto muito bem, ele não havia nascido ontem.

No entanto, talvez quisesse que fosse assim. Talvez desejasse poder nascer hoje. Talvez essa última palavra — "pode" — tenha emergido daquela parte de Nicodemos que ansiava por uma nova energia. Pelo vigor juvenil. Por novos alentos. Novas pernas.

Parece que ele está dizendo: "Jesus, tenho o vigor espiritual de uma velha mula. Como pode esperar que eu nasça novamente quando não consigo nem lembrar se figos podem ser comidos no Sábado? Sou um homem velho. Como pode um homem nascer de novo, se ele é velho?"

De acordo com Cristo, o renascimento deve vir de um lugar muito especial: "Na verdade, na verdade te digo que aquele que não nascer da água e do Espírito não pode entrar no Reino de Deus. O que é nascido da carne é carne, e o que é nascido do Espírito é espírito" (vv. 5,6).

Jesus não poderia ter sido mais direto. *Ninguém* pode entrar no Reino de Deus sem ter nascido da água e do Espírito. Você quer ir para o céu? Não importa o quanto seja religioso ou quantos regulamentos você obedeça. Vai precisar de um novo nascimento; você vai precisar ter nascido "da água e do Espírito".

Deus não nos oferece um banho de esponja. Ele nos lava da cabeça aos pés. Refletindo sobre sua conversão, Paulo escreve: "Não pelas obras de justiça que houvéssemos feito, mas, segundo a sua misericórdia, nos salvou pela lavagem da regeneração e da renovação do Espírito Santo" (Tt 3.5). Seus pecados não têm qualquer chance contra o hidrante da graça de Deus.

Entretanto, é preciso ainda mais. Deus não se contenta em nos limpar; ele deseja habitar em nós. Deus depositou em nós o seu poder, "que opera... poderosamente" (Cl 1.29).

Ele não faz com você aquilo que meu pai fazia comigo e com o meu irmão. Durante os anos da escola secundária, nosso carro era uma perua Rambler 65. O calhambeque tinha tantos atrativos como Forrest Gump: três marchas, câmbio na direção, bancos revestidos de plástico e nenhum sistema de ar condicionado.

E, ah!, o motor. Nosso cortador de grama era mais poderoso. Sua velocidade máxima, ao descer uma ladeira com vento a favor, era de oitenta quilômetros por hora. Até hoje estou convencido de que meu pai (um experimentado mecânico) havia procurado o carro menos veloz para nos dar.

Quando reclamávamos de seu estado deplorável, ele apenas sorria e dizia: "Trate de consertá-lo". Fazíamos o melhor possível. Limpávamos o tapete, colocávamos perfume nos assentos, um adesivo com o símbolo da paz no vidro traseiro e pendurávamos dados de plástico no espelho retrovisor. Depois, era preciso remover as calotas e pintar os aros de preto. Sua aparência ficava bem melhor, o cheiro se tornava mais agradável, mas a performance permanecia igual. Ainda continuava sendo um calhambeque — claro, um impecável calhambeque —, todavia, sempre um velho calhambeque.

Não pense, nem por uma fração de segundo, que Deus esteja fazendo o mesmo com você. Simplesmente lavar o seu lado interior não lhe basta. Ele coloca muito poder nesse lugar. Melhor dizendo, é aí que ele coloca a *si próprio.* Essa é a parte que surpreendeu Nicodemos. Trabalhar para Deus não representava nada de novo. E Deus trabalhando *dentro* dele? *Preciso ruminar um pouco sobre isso.*

Talvez você também precise. Será que também é um Nicodemos? Religioso como a Praça de São Pedro, mas se sentindo tão velho como ela? Piedoso, mas impotente? Se assim for, posso lembrar-lhe uma coisa?

Quando você crê em Cristo, Ele realiza um milagre no seu interior: "E, tendo nele também crido, fostes selados com o Espírito Santo da promessa" (Ef 1.13). Você fica permanentemente purificado e capacitado pelo próprio Deus. A mensagem que Jesus envia àqueles que desejam obedecer-lhe é muito simples: Não é aquilo que você faz, mas o que Eu faço. Acabei de me mudar para o seu interior e, com o tempo, você poderá dizer como Paulo: "Já estou crucificado com Cristo; e vivo, não mais eu, mas Cristo vive em mim" (Gl 2.20). Você não é mais um calhambeque, nem mesmo um impecável calhambeque. Você se transformou numa lustrosa máquina de Corrida de Indianápolis.

Se isso é verdade, Max, por que às vezes ainda me sinto tão confuso? Se já nasci de novo, por que peco tantas vezes?

Por que pecou tantas vezes depois do seu novo nascimento? Você deixou o ventre materno vestindo uniforme de corrida? Dançou no dia do seu nascimento? Claro que não. E quando começou a andar, caía mais vezes do que ficava de pé. Será que podemos esperar alguma coisa diferente do seu andar espiritual?

Mas eu peco tantas vezes que tenho dúvidas sobre a minha salvação. Voltemos, outra vez, ao seu novo nascimento. Não se lembra de quantas vezes tropeçou quando estava aprendendo a andar? E quando tropeçava, será que questionava a realidade de seu nascimento físico? Será que, quando tinha apenas um ano e se esborrachava no chão, balançava a cabeça e pensava: *Caí outra vez, acho que não sou humano?*

Claro que não. Os tropeços de um bebê não invalidam o ato do nascimento. E os tropeços de um cristão não anulam o seu nascimento espiritual, desde que ele arrependa-se de seus erros e deixe-os, pedindo perdão a Deus (Pv 28.13).

Você entende o que Deus fez? Ele depositou a semente de Cristo em você. À medida que ela cresce, você vai mudando. Não é que o pecado tenha perdido a presença em sua vida, mas sim que ele não tem mais poder sobre ela. A tentação irá lhe importunar, porém não lhe dominará. Quanta esperança isso pode nos trazer!

Ouçam-me, todos os Nicodemos desse mundo. Não depende de vocês. Seu interior abriga um florescente poder. Confiem nele!

Pense dessa maneira. Suponha que durante a maior parte de sua vida você tenha sofrido do coração. Seu frágil pára-choque restringe suas atividades. No trabalho, todas as manhãs os empregados sadios sobem as escadas, e você tem de esperar pelo elevador.

Contudo, acontece um transplante e um coração sadio é colocado em seu peito. Depois de curado, você retorna ao trabalho e vê o mesmo lance de escada — aquele que você antes evitava. Como de costume, segue em direção ao elevador, mas então se lembra. Não é mais a mesma pessoa, você agora tem um novo coração. Dentro de você habita um novo poder.

Será que vai viver como a pessoa antiga ou a nova? Será que se consideraria como tendo um novo ou um velho coração? Você pode fazer essa escolha.

Poderá dizer: "Não posso subir a escada, sou muito fraco". Será que a sua escolha está negando a presença de um novo coração? Rejeitando o trabalho do cirurgião? Não. Escolher o elevador vai sugerir apenas uma coisa — você não aprendeu a confiar no novo poder.

Isso leva tempo. Mas em algum momento você terá de experimentar essa escada. Vai ter de testar o novo coração. Precisará experimentar o seu novo eu. Pois, se não o fizer, ficará sem energia.

A obediência às leis religiosas pode consumir a sua força. E isso não tem fim. Sempre existe outra aula para assistir, um Sábado para observar, um Ramadã para cumprir. Nenhuma prisão é tão interminável quanto a prisão da perfeição. Seus companheiros encontram trabalho, porém nunca acham a paz. Como poderiam? Nunca sabem quando terminam.

Cristo, no entanto, lhe oferece uma obra consumada. Ele cumpriu a lei em seu lugar. Diga adeus ao fardo da religião. Longe vai o receio de, tendo feito tudo, isso ainda não lhe parecer suficiente. Você sobe a escada, não com suas forças, mas com o poder de Cristo. Deus promete ajudar aqueles que param de tentar ajudar a si mesmos por seus próprios esforços.

"Aquele que em vós começou a boa obra a aperfeiçoará até ao Dia de Jesus Cristo" (Fp 1.6). Deus fará com você aquilo que sonho fazer com a Molly. Ele o transformará de dentro para fora. E, quando terminar, permitirá até mesmo que você se assente à sua mesa.

10

O Homem do Lixo

Pessoas Imperfeitas

JOÃO 1.29

A mulher senta-se pesadamente no banco e coloca uma sacola cheia de coisas sem valor entre os pés. Apoiando os cotovelos nos joelhos e o rosto nas mãos, ela observa a calçada. Em seu corpo, tudo dói. Costas, pernas, pescoço. Seus ombros estão rijos e suas mãos, esfoladas. Tudo por causa da sacola.

Oh! se ao menos pudesse se livrar desse lixo.

Nuvens compactas constroem um céu cinzento, cinzento com mil sofrimentos. Prédios sujos de fuligem lançam longas sobras que escurecem as calçadas e as pessoas que nelas caminham. A garoa resfria o ar e enlameia a enxurrada que corre pelas sarjetas. A mulher envolve-se em seu casaco. Um carro que passa encharca a sacola e espirra água em seu jeans. Ela não se move. Está cansada demais.

Suas lembranças de uma vida sem sacolas são indistintas. Quando era criança, talvez? Suas costas eram mais retas, seu andar mais rápido... ou isso é um sonho? Ela não tem certeza.

Passa um segundo carro. Pára e estaciona. Dele desce um homem. Ela observa que seus pés afundam na lama. Do carro, ele retira uma sacola cheia e pesada de lixo, e a coloca em seus ombros, xingando o peso.

Nenhum deles diz uma palavra. Ela nem sabe se ele percebeu sua presença. Seu rosto parece jovem, mais jovem que suas costas encurvadas. Num momento o homem desaparece. E o olhar da mulher torna a fixar-se no chão.

Ela nunca olha para o seu lixo. Mas em outros tempos sim. Porém o que via a repugnava, por isso agora sempre deixa a sacola fechada.

Que mais pode fazer? Dar de presente a alguém? Todos têm a sua própria sacola de sofrimentos.

Agora aparece uma jovem mãe. Com uma das mãos ela leva uma criança, com a outra carrega seu fardo, sacolejando pesadamente.

E também um velho com a face sulcada de rugas. Sua sacola de lixo é tão comprida que balança sobre suas pernas quando caminha. Ele olha para a mulher e tenta sorrir.

Qual peso estaria carregando?, ela imagina ao vê-lo passar.

"Tristeza."

Ela se vira para ver quem falou. Ao seu lado, no banco, um homem havia se assentado. Alto, com feições angulares e brilhantes, e os olhos bondosos. Seu jeans também está manchado de lama. Todavia, seus ombros, ao contrário, são retos. Ele veste uma camiseta e um boné de beisebol. Ela olha em volta, mas não vê se Ele também carrega uma sacola de lixo.

Ele observa o velho que se afasta e explica: "Quando era um jovem pai, ele trabalhava durante muitas horas e negligenciava a família. Seus filhos não o amam. Sua sacola está cheia, cheia de tristeza e remorso".

Ela nada responde. Por isso, Ele continua.

"E a sua?"

"A minha?", ela pergunta.

"Vergonha", o homem diz, cheio de pena.

Ainda assim ela se cala, mas também não se afasta.

"Muitas horas nos braços errados. No ano passado. Na noite passada... vergonha."

Seu corpo se endurece, como se fosse de aço contra o escárnio que havia aprendido a esperar. Como se precisasse sentir mais vergonha. Faça-o se calar. Mas como? Ele aguarda o seu julgamento.

No entanto, isso nunca acontece. Sua voz é doce e sua pergunta é sincera: "Não quer me dar o seu lixo?"

A mulher inclina a cabeça para trás. *O que Ele está dizendo?*

"Dê seu lixo para mim. Amanhã. Lá no lixão. Não deixe de trazê-lo." Ele limpa um pouco de chuva da face da mulher, esfrega o dedo e se levanta. "Sexta-feira. No lixão."

Ela continua sentada, muito tempo depois que Ele partiu, recordando a cena, tocando a face. Sua voz ainda persiste, seu convite paira no ar. Ela tenta esquecer suas palavras, mas não consegue. Como esse homem poderia saber tudo aquilo a seu respeito? E, como podia saber, e continuar sendo tão gentil? Sua lembrança se acomoda no íntimo de sua alma, como se fosse de um hóspede inesperado, porém muito bem-vindo.

O sono daquela noite lhe trouxe sonhos de verão.

Uma jovem sob um céu azul e nuvens de algodão brincava entre flores silvestres e sua saia rodopiava. Ela sonha que estava correndo com as mãos bem abertas tocando na corola dos girassóis. Ela sonha com pessoas felizes enchendo o prado de risos e esperança.

Entretanto, quando acorda, vê que o céu está escuro, as nuvens cresceram e as ruas se cobriram de sombras. Ao pé da cama, permanece sua sacola de lixo. Coloca-a sobre seu ombro, deixa o apartamento e desce as escadas em direção à rua, ainda escorregadia de neve derretida.

É sexta-feira.

Durante algum tempo ela fica parada e pensativa. Imaginando primeiro o que Ele queria dizer e, depois, se realmente tinha essa intenção. Ela suspira. Com um fio de esperança que quase ofusca seu desânimo, ela caminha em direção à periferia da cidade. Outras pessoas também estão caminhando na mesma direção.O homem ao seu lado cheira a álcool. Ele deve ter dormido muitas noites com a mesma roupa. Uma adolescente caminha alguns passos à sua frente. A mulher da vergonha corre para alcançá-la. A jovem se oferece para responder antes que qualquer pergunta tenha sido feita: "Ódio. Ódio de meu pai. Ódio de minha mãe. Estou cansada de sentir ódio. Ele disse que iria tirar esse ódio de mim." E mostra a sacola. "Vou levá-la para Ele."

A mulher acena com a cabeça e as duas caminham lado a lado.

O local está coberto de lixo — papéis, vassouras quebradas, camas velhas e carros enferrujados. Ao chegarem à colina, a fila até o topo é muito comprida. Centenas de pessoas caminham à frente das duas mulheres e todas esperam em silêncio, alarmadas com o que ouvem — um grito, um bramido cheio de dor que flutua no ar por momentos e apenas se interrompe com um gemido. Depois, o grito volta novamente.

O dEle.

Ao se aproximarem, passam a entender a razão. Ele se ajoelha perante cada um, aponta para a sacola, faz um pedido e depois uma oração. "Posso pegar a sacola? Tomara que você nunca mais volte a carregá-la." Em seguida, o homem curva a cabeça, levanta a sacola e derruba seu conteúdo sobre si mesmo. O egoísmo do glutão, a amargura do irado, a neurose de posse do inseguro. Como se tivesse mentido, enganado ou ofendido o Criador, Ele passa a sentir o mesmo que as outras pessoas sentiam.

Quando chega a sua vez, a mulher pára um momento. Ela hesita. Os olhos do homem a convidam a ir adiante. Ele estende a mão e se apodera de seu lixo. "Você não pode viver com isso." "Você não foi feita para isso." Com a cabeça baixa, Ele derruba toda a vergonha sobre seus próprios ombros. Em seguida, olhando para o céu, com olhos inundados de lágrimas, Ele grita: "Me perdoe".

"Mas você não fez nada", ela exclama.

No entanto, Ele está soluçando como ela havia soluçado em seu travesseiro uma centena de noites. Foi então que entendeu que o pranto desse homem representa o seu próprio pranto. Sua vergonha passou a ser dEle.

Com um dedo ela toca a sua face e, no primeiro passo em uma longa noite, não tem mais nenhum lixo para carregar.

Junto aos outros ela se coloca aos pés da colina e observa enquanto o homem é enterrado sob um monte de tristezas. Durante algum tempo Ele ainda geme. Depois... nada. Somente o silêncio.

As pessoas se acomodam entre carros quebrados, papéis e fogões descartados e imaginam quem seria esse homem e o que acabou de fazer. Como carpideiras numa vigília, elas se demoram. Algumas contam histórias, outras se calam. Todas lançam olhares furtivos ao lixão. Parece muito estranho ficar andando naquela montanha de entulhos. Contudo, parece ainda mais estranho pensar em ir embora.

Portanto, elas permanecem ali. Atravessam a noite até o amanhecer. A escuridão vem novamente. Uma corrente de amizade se estabelece entre elas, uma amizade que se formou através do homem do lixo. Algumas adormecem, outras acendem uma fogueira nos tambores de metal e falam sobre uma repentina abundância de estrelas no céu daquela noite. Pela madrugada, todas dormem.

E quase deixam escapar o momento. É a jovem que vê primeiro. A jovem que fora cheia de ódio. A princípio, não acredita no que vê, mas quando repara melhor, logo compreende.

As palavras dela são suaves e não são dirigidas a ninguém em particular... "Ele está de pé."

Depois, ela grita bem alto para a sua amiga: "Ele está de pé".

E então, para todas as outras pessoas: "Ele está de pé!"

Ela se volta; todos se voltam. E todos vêem sua silhueta projetada sobre um sol dourado.

De pé. Sim, é verdade.

Parte Dois

Não Há Lugar em que Ele não Deseje Ir

Charlie tinha dez anos. No Natal, a escola ficava fechada e a família havia escolhido passar o feriado no campo. O menino espremia o nariz contra o vidro da janela da sala e se admirava com o inverno inglês. Ele estava feliz por trocar as ruas pretas de fuligem de Londres pelo branco frescor das colinas cobertas de neve.

Sua mãe o convidou para um passeio de carro e ele aceitou. Um agradável momento o esperava. O carro serpenteava pela estrada cheia de curvas. Os pneus trituravam a neve e o menino soprava a respiração contra o vidro. Ele estava emocionado. A mãe, no entanto, aflita.

Uma pesada camada de neve havia começado a cair. A visibilidade diminuiu. Ao fazer uma curva, o carro começou a deslizar e não parou até afundar numa vala. Ela tentou sair, mas os pneus só rodavam em falso. O pequeno Charlie empurrava, a mãe afundava o pé no acelerador, mas nada feito. Eles estavam presos. E precisavam de ajuda.

Há pouco mais de um quilômetro de distância viram uma casa e para lá se dirigiram e bateram à porta. "Claro", disse-lhes uma mulher. "Entrem e se aqueçam. Podem usar o telefone." Ela ofereceu chá e biscoitos e insistiu para que esperassem abrigados até o socorro chegar.

Um acontecimento bastante comum? Não diga isso à mulher que abriu a porta. Ela nunca esqueceu aquele dia e já contou essa história milhares de vezes. E quem poderia culpá-la? Não é sempre que a realeza aparece à sua porta.

Os dois viajantes encalhados no inverno da Inglaterra eram, nada mais nada menos, a rainha Elizabete e o herdeiro de seu trono, o príncipe Charles, com dez anos de idade.[1]

A palavra que corre pelas ruas do céu e pelos lábios dos cristãos é que uma coisa muito maior aconteceu em nosso mundo. A Realeza caminhou pelas ruas. O Príncipe Celestial bateu à nossa porta.

Entretanto, sua visita não foi causada por um acidente. E Ele fez muito mais do que ficar para o chá. Andou por florestas. Por desertos. Foi imerso nas águas do rio Jordão. Andou sobre as águas do mar da Galiléia. Ele costuma aparecer nos lugares mais estranhos. Lugares onde você nunca esperaria encontrar Deus.

E, outra vez, quem esperaria vê-lo algum dia?

11

Ele Adora Estar com aqueles a quem Ama

Em Todo Lugar

FILIPENSES 2.6,7

O tempo das férias é o tempo das estradas. Desde quando José e Maria arrumaram as malas para a viagem a Belém, o nascimento de Jesus tem levado as pessoas a procurar as estradas. É interessante observar que as viagens de Natal que fazemos têm muito em comum com a viagem inaugural dos pais de Jesus. Não vemos pastores no meio da noite, mas já aconteceu de esbarrarmos em um parente no caminho para o banheiro. Não dormimos em estábulos, porém uma sala de visitas cheia de primos dormindo e espalhados por toda parte pode cheirar exatamente como um deles. E não montamos em burros, todavia seis horas num carro com quatro crianças pode levar algumas mães a desejar que tivessem um.

"Essa é a época de viajar." Nada revela melhor o verdadeiro caráter dos membros de uma família como uma viagem de carro.

Por exemplo, nós, os pais, descobrimos nossa verdadeira identidade numa rodovia estadual. Será que José permitiu que Maria visitasse uma loja de suvenirs para comprar enfeites para a árvore?

De jeito nenhum. Nós homens possuímos um mandato bíblico de viajar rápido e para longe, parando apenas para abastecer o carro.

As esposas, no entanto, conhecem a verdadeira razão por que os maridos adoram dirigir: a guerra civil no banco traseiro.

Você sabia que os sociólogos provaram que o banco traseiro exerce um impacto lupino sobre as crianças? Presas, rosnados, garras. As virtudes sociais desaparecem no mesmo buraco negro que recebe as batatas fritas. A meninada em férias simplesmente é incapaz de conduzir uma conversação normal e humana. Se uma das crianças diz: "Eu gosto dessa música", você poderia esperar que a outra respondesse: "É bonita". Mas não. Ela irá retrucar: "Ela cheira mal, como os seus sapatos".

O melhor conselho para quem viaja com crianças é se dar por satisfeito porque ainda não são adolescentes. Porque os adolescentes se sentem tão humilhados pelos pais a ponto de quererem se esconder debaixo do carro. Ficam constrangidos com o que dizemos, pensamos, vestimos, comemos ou cantamos. Portanto, papais, se estão procurando uma jornada tranqüila (e se desejam conhecer os netos que ainda não nasceram), não sorriam nos restaurantes, não respirem e não cantem com o vidro do carro aberto ou fechado.

Viagem de férias. Não é fácil. Então, por que continuamos a fazê-las? Por que abarrotar as malas e suportar os aeroportos congestionados? Você conhece a resposta. Simplesmente adoramos estar com aqueles que amamos.

O garotinho de quatro anos correndo pela calçada e se atirando nos braços do avô.

A xícara de café com a mãe antes do resto da casa acordar.

Aquele momento em que todos se calam, e damos as mãos em volta da mesa, agradecendo a Deus pela família, pelos amigos e pela torta de abóbora.

Adoramos estar com aqueles que amamos.

Posso lembrá-lo de uma coisa? Deus também. Ele adora estar com aqueles que ama. Como então explicar o que Ele fez? Entre Ele e nós existia uma grande distância — um grande espaço. E isso Ele não podia suportar. Não podia admitir. Portanto, resolveu fazer alguma coisa a esse respeito.

Antes de vir à terra, "sendo em forma de Deus, não teve por usurpação ser igual a Deus. Mas aniquilou-se a si mesmo, tomando a forma de servo, fazendo-se semelhante aos homens" (Fp 2.6,7).

Por quê? Por que Jesus viajou para tão longe?

Estava fazendo essa pergunta a mim mesmo quando avistei alguns esquilos através da janela. Uma família de esquilos preto e branco havia feito sua casa entre as raízes da árvore que fica do lado do meu escritório. Já está fazendo três anos que somos vizinhos. Eles me observam dedilhar o teclado. Eu os observo armazenarem as nozes e subirem no tronco. Nos divertimos mutuamente. Poderia observá-los o dia todo. Às vezes, o faço.

Entretanto, nunca pensei em me transformar num deles. O mundo dos esquilos não exerce nenhum fascínio sobre mim. Quem gostaria de dormir ao lado de um roedor peludo que tem olhos redondos e lustrosos como uma pérola? (Ignorando os comentários da esposa, é claro, que acha que você já se parece com um deles.) Desistir das montanhas rochosas, das pescarias em águas profundas, dos casamentos e risadas por um buraco no chão e uma dieta de nozes sujas? Não conte comigo.

Mas conte com Jesus. Que mundo Ele deixou! Nossa mansão mais luxuosa pareceria apenas um tronco de árvore para Ele. O prato mais requintado seria apenas como nozes na mesa celestial. E a idéia de se tornar um esquilo com patas e pequenos dentes, e uma cauda peluda? Seria nada comparado a Deus que se tornou um embrião de uma única célula e entrou no ventre de Maria.

No entanto, Ele fez isso. O Deus do universo se debateu contra as paredes de um ventre, nasceu como um pobre camponês e passou sua primeira noite em meio a alimentos para animais. O Deus do universo deixou a glória do céu e se mudou para a nossa vizinhança. Nossa vizinhança! Quem poderia imaginar que Ele faria uma coisa dessas.

Por quê? Porque Ele adora estar com aqueles a quem ama.

O Dr. Maxwell Maltz conta a notável história de um amor parecido com esse. Um homem havia sido ferido num incêndio ao tentar salvar seus pais de uma casa em chamas. Mas não conseguiu chegar até eles. Eles morreram. Seu rosto ficou queimado e desfigurado. E, por engano, interpretou sua dor como um castigo de Deus. O homem não permitia que ninguém olhasse para ele — nem mesmo sua esposa.

Ela procurou o Dr. Maltz, um cirurgião plástico, e pediu sua ajuda. Ele disse à mulher que não devia se preocupar: "Posso restaurar o rosto dele".

A esposa não se entusiasmou. Seu marido havia repetidamente recusado qualquer ajuda. Ela sabia que ele recusaria de novo.

Então, qual a razão da visita ao médico? "Quero que você deixe o meu rosto tão desfigurado quanto o dele! Se eu puder compartilhar a sua dor, talvez então me deixe participar novamente de sua vida."

Dr. Maltz ficou muito chocado. Ele negou o pedido, mas se emocionou tanto com o amor dessa mulher que foi falar com o seu marido. Batendo à porta do quarto, ele disse bem alto: "Sou um cirurgião plástico e quero que você saiba que posso restaurar o seu rosto".

Nenhuma resposta.

"Saia por favor."

Novamente, nenhuma resposta.

Ainda falando através da porta, o Dr. Maltz disse ao homem que sua mulher lhe havia feito a seguinte proposta: "Ela me pediu para desfigurar seu rosto, a fim de torná-lo igual ao seu, na esperança de que você a deixe voltar a participar de sua vida. Essa é a prova de quanto ela o ama".

Houve um breve momento de silêncio e, então, bem devagar, o trinco começou a girar.[1]

A maneira como a mulher se sentia em relação ao marido é igual à maneira como Deus se sente em relação a nós. Porém, Ele fez mais do que apenas se oferecer. Ele assumiu o nosso rosto, a nossa desfiguração. Ele se tornou igual a nós. Observe os lugares onde estava disposto a ir: cocho de feno, marcenarias, terras desertas, cemitérios. Os lugares aonde Ele foi a fim de nos alcançar mostram até onde iria para nos tocar.

Ele adora estar com aqueles a quem ama.

12

Como É Isto?

Lugares Íntimos

LUCAS 1.38

Existem coisas que só uma mãe pode fazer.

Somente uma mãe pode colocar talco no bumbum do bebê com uma das mãos e segurar o telefone com a outra. Somente uma mãe pode perceber quando um adolescente está abrindo a porta da casa apenas pelo barulho da chave na fechadura. Somente uma mãe pode passar o dia limpando narizes e lavando uma quantidade de meias que podia calçar todo o time de futebol do Brasil, e ainda assim agradecer a Deus pelos filhos. Somente uma mãe.

Existem coisas que só uma mãe pode resolver.

Como uma garçonete que serve hambúrgueres sem o hambúrguer. Como a porta do armário que o esposo não conseguiu abrir, e cujo ego ficou ferido quando descobriu que ela conseguiu. Cadarço de sapato desamarrado? Corações partidos? A tristeza que se revela no rosto? Rompimento com o namorado? A mamãe pode dar um jeito nisso.

Algumas coisas somente uma mãe pode saber.

O tempo que leva para ir de carro da aula de piano até os exercícios da Liga de Escoteiros. Ela sabe. Quantas pizzas você precisa quando vai passar a noite na casa de um colega da escola? Mamãe sabe. Quantos pontos restam dos Vigilantes do Peso naquele dia e quantos dias sobram no semestre? A mamãe pode dizer. Ela sabe.

Nós, homens, geralmente não. De modo geral, os filhos não nos dão qualquer pista. As mães constituem uma raça à parte. Quanto a nós, podemos apenas imaginar... refletir. Podemos apenas perguntar.

MAMÃE, COMO FOI ISTO?

Quando sentiu o pé dentro de seu ventre,
quando o primeiro choro do bebê ecoou pelo quarto...

pensar que você e o céu acabaram de dar uma volta na lua...
Como foi isto?

E o dia em que o ônibus parou,
e você fechou o zíper do casaco...
e deu um beijo no rosto de sua filha de cinco anos...
e acenou-lhe dizendo adeus, e a viu —
silenciosa e quieta — entrar no ônibus.
Como foi isto?

A primeira vez que percebeu que a voz dele era profunda.
A primeira vez que ela perguntou se você tinha adormecido
e queria saber quando o amor era verdadeiro.
E você lhe contou. Como se sentiu depois?

Então as velas foram acesas...
Ela caminhou pelo corredor da igreja.
Será que você chorou? Sorriu?
E quando sua filha, trazendo um filho,
lhe pediu informações no silêncio da noite
"Mãe", ela murmurou, "como é isto?"

O que você lhe disse que não iria nos contar? Na verdade, como foi isto?

Se alguma vez tivéssemos tais pensamentos a respeito das mães, o que poderíamos imaginar a respeito da mãe mais famosa de todas: Maria. Gerar um bebê é uma coisa, mas gerar Deus? Como foi isto?

O nascimento virginal é mais, muito mais do que uma história de Natal; é um quadro de como está perto a vinda de Cristo para você. A primeira parada de seu itinerário era um ventre. Aonde Deus estaria disposto a ir para tocar o mundo? Olhe profundamente dentro de Maria para ter uma resposta.

Melhor ainda, olhe profundamente dentro de você mesmo. O que Ele fez com Maria, Ele oferece a nós. Ele nos envia um convite: "Se você permitir, vou me mudar para dentro de você!"

Proliferando através das Escrituras existe uma preposição — *em* — que não deixa uma dúvida sequer. Jesus vive *em* seus filhos.

Para seus apóstolos, Cristo declarou: "Estou *em* meu pai, e vós, *em* mim" (Jo 14.20, ênfase minha).

A oração de Paulo a favor dos efésios foi: "Para que Cristo habite, pela fé, *no* vosso coração" (Ef 3.17, ênfase minha).

O que é o mistério do evangelho? "Cristo *em* vós, esperança da glória" (Cl 1.27, ênfase minha).

João foi muito claro: "E aquele que guarda os seus mandamentos *nele* está, e ele *nele*" (1 Jo 3.24, ênfase minha).

E o mais doce convite de Cristo? "Eis que estou à porta e bato; se alguém ouvir a minha voz e abrir a porta, entrarei *em* sua casa e com ele cearei, e ele, comigo" (Ap 3.20, ênfase minha).

Deus *em* nós! Será que somos capazes de ressoar a profundidade dessa promessa?

Deus estava *com* Adão e Eva, caminhando ao seu lado no frescor da tarde.

Deus estava *com* Abrãao e até chamou o patriarca de seu amigo.

Deus estava *com* Moisés e *com* os filhos em Israel. Os pais podiam mostrá-lo aos filhos pelo fogo à noite e pela nuvem durante o dia. *Deus está conosco*, eles podiam garantir.

Entre os querubins da arca, na glória do Templo, Deus estava *com* o seu povo. Ele estava *com* os apóstolos. Pedro podia tocar na barba de Deus. João podia observar enquanto Ele dormia. Multidões podiam ouvir a sua voz. Deus estava *com* eles!

Como em Maria, Cristo habita em mim e em você.

Você acha difícil de acreditar? Não mais que a própria Maria. Ninguém ficou mais surpreso com esse milagre do que ela.

E ninguém foi mais passivo do que ela. Deus fez tudo. Maria não se apresentou para ajudar. O que ela tinha a oferecer? Conselhos? "Sob a minha perspectiva, um coro celeste acrescentaria um toque elegante." Certo. Ela não ofereceu qualquer assistência.

No entanto, ela não ofereceu qualquer resistência. Contudo, poderia ter oferecido. "Quem sou eu para ter Deus em meu ventre? Não sou suficientemente digna", ela poderia ter dito. Ou: "Tenho outros planos. Não disponho de tempo para Deus em minha vida".

Todavia, Maria não pronunciou tais palavras. Antes, ela disse: "Eis aqui a serva do Senhor; cumpra-se em mim segundo a tua palavra" (Lc 1.38). Se Maria é nosso padrão de medida, Deus parece estar menos interessado no talento e mais interessado na confiança.

Ao contrário dela, temos a tendência de querer ajudar a Deus, de considerar a nossa participação tão importante quanto a dEle. Ou então resistimos, pensando que somos demasiadamente maus ou ocupados.

Entretanto, quando "ajudamos" ou resistimos, deixamos escapar a grande graça de Deus. Perdemos de vista a razão pela qual fomos colocados na terra — de estarmos tão cheios da presença dEle, a ponto de podermos dizer como Paulo: "Vivo, não mais eu, mas Cristo vive em mim" (Gl 2.20).

Ter a minha voz, mas é Ele quem fala.
Os passos são meus, mas é Jesus quem guia.
O coração é meu, mas é seu amor que palpita
em mim, através de mim e comigo.
Como é ter Cristo em nosso interior?

Usar a força dEle quando a minha termina.
Sentir a força do fogo celeste devastando,
apagando os desejos maus.
Será que Cristo poderia se tornar todo o meu ser?

Tanto dEle, tão pouco de mim,
a ponto de verem-no em meus olhos.
Como seria isto?
Não mais eu, mas Cristo em mim.

13

Uma Cura para a Vida Comum

Lugares Comuns

MARCOS 6.3

Hoje você acordou para um dia comum. Nenhum mordomo preparou seu banho. Nenhuma camareira estendeu suas roupas. Seus ovos não foram feitos e seu suco de laranja não havia sido espremido na hora. Mas tudo bem; não há nada de especial no dia de hoje. Não é seu aniversário ou Natal; é um dia exatamente como qualquer outro. Um dia comum.

Portanto, você foi até a garagem e entrou em seu carro comum. Uma vez você leu que os filhos da rainha nunca precisam dirigir. Alguém lhe disse que os executivos são levados de helicóptero até seu escritório. Quanto a você, uma longa limusine o levou para a festa de casamento, mas desde então têm sido apenas caminhonetes ou qualquer carro popular. Carros comuns.

Carros comuns o levam a empregos comuns. Você leva isso a sério, todavia nunca consideraria isso como uma coisa extraordinária. Você não está abrindo espaço em seu calendário para Jay Leno, ou gastando tempo para comparecer diante do Congresso. Está apenas se assegurando de terminar seu trabalho antes do trânsito das seis da tarde que costuma transformar as ruas num enorme estacionamento.

Ficar preso no trânsito da tarde e estar disposto a esperar na fila. Na fila do acesso que leva à estrada. Na fila do supermercado ou na do posto de gasolina. Se você fosse o governador, ou tivesse uma estatueta do Oscar sobre a lareira, poderia passar por cima das multidões. Porém você não é. É apenas uma pessoa comum.

Você leva uma vida comum. Uma vida pontuada por festas de casamento, transferência de emprego e formaturas — algumas ocasiões importantes —, mas principalmente pelo ritmo do dia a dia que você partilha com a humanidade.

E, como resultado, você poderia usar algumas sugestões. Precisa saber como ser bem-sucedido por ser comum. Isso oferece alguns perigos, você sabe. Um rosto na multidão pode se sentir perdido no meio de tanta gente. Você fica inclinado a pensar que não é um ser produtivo e imagina se poderá legar alguma contribuição duradoura. E pode se sentir insignificante. Será que pessoas comuns são consideradas no céu? Será que Deus ama as pessoas comuns?

Deus responde a essas perguntas de uma forma muito incomum. Se a palavra *comum* lhe descreve, encha-se de coragem — você está em ótima companhia. Ela também descreve a Cristo.

Cristo... comum? Ora veja. Desde quando andar sobre as águas é "comum"? Falar com os mortos é "comum"? Ressuscitar dos mortos é "comum"? Podemos chamar a vida de Cristo de "comum"?

Nove décimos de tudo isso nós podemos. Quando você relacionar os lugares onde Cristo viveu, faça um círculo em torno da cidade chamada Nazaré — um ponto singular no mapa do cúmulo da monotonia. Durante trinta dos seus trinta e três anos, Jesus viveu de maneira comum. Exceto o incidente no Templo quando tinha doze anos, não temos nenhum registro do que Ele disse ou fez nos primeiros trinta anos de sua passagem pela terra.

Se não fosse por uma declaração no Evangelho de Marcos, não saberíamos nada sobre a vida adulta de Jesus. Não é muito, mas o suficiente para tecermos uma mensagem ou outra para aqueles que sofrem de uma vida comum. Se você convive com estrelas da NBA ou assina a revista *Yachting Monthly*, pode desconsiderar. Se não sabe o que poderia dizer às estrelas da NBA e nunca ouviu falar da revista *Yachting Monthly*, então fique atento. Aqui está um versículo:

"Não é este o carpinteiro?" (Mc 6.3)

(Eu lhe disse que não era muito.) Os vizinhos de Jesus falaram essas palavras. Intrigados com a popularidade de sua vida, mais tarde eles perguntaram: "É esse o mesmo homem que consertou o meu telhado?"

Observe que os vizinhos não disseram:

"Não é esse o carpinteiro que me deve dinheiro?"

"Não é esse o carpinteiro que enganou o meu pai?"

"Não é esse o carpinteiro que deixou inacabada a minha mesa?"

Não, essas palavras nunca foram ditas. Os preguiçosos têm muita dificuldade em se esconder numa cidade pequena. Vendedores ambulantes vão de cidade em cidade para sobreviver. Jesus não precisou. Alguém precisava consertar o arado? Cristo podia fazê-lo. Precisava de um novo jugo para a parelha? "Meu vizinho é carpinteiro, e pode lhe oferecer um bom preço." A tarefa pode ter sido comum, mas a diligência não. Jesus levava seu trabalho muito a sério.

E a cidade pode ter sido comum, mas sua atenção não. A cidade de Nazaré está situada no alto de uma montanha. Certamente, nenhum garoto de Nazaré poderia resistir a uma ocasional subida ao alto da montanha para observar o vale embaixo. Sentado numa altitude de aproximadamente 200 metros acima do nível do mar, o jovem Jesus podia examinar o mundo que havia feito. A montanha coberta de flores na primavera. Agradáveis e frescos pores-do-sol. Pelicanos voando ao longo dos cursos de água do ribeiro de Quison até o mar da Galiléia. Gramados salpicados de tomilho aos seus pés. Campos e figueiras à distância. Você supõe que os momentos passados aqui poderiam ter inspirado essas palavras, que mais tarde foram ditas pelo Salvador? "Olhai para os lírios do campo, como eles crescem" (Mt 6.28) ou "Olhai para as aves do céu" (Mt 6.26). As palavras de Jesus, como rabino, nasceram dos seus pensamentos quando menino.

Ao norte de Nazaré estão as colinas cobertas de florestas de Naftali. Visível em uma delas estava a vila de Safate, conhecida na região como "a cidade sobre a colina".[1] Será que Jesus estava pensando em Safate quando disse: "Não se pode esconder uma cidade edificada sobre um monte" (Mt 5.14)?

O fabricante de jugos depois explicou: "O meu jugo é suave" (Mt 11.30). AquEle que removeu sua cota de poeira dos olhos diria: "Por que reparas tu no argueiro que está no olho do teu irmão e não vês a trave que está no teu olho?" (Mt 7.3)

Ele viu como uma semente caiu no caminho e não brotou (Lc 8.5) e como a semente de mostarda produziu uma grande árvore (Mt 13.31,32). Ele lembrou do céu rubro pela manhã (Mt 16.2) e do relâmpago no céu do oriente (Mt 24.27). Jesus dava atenção à sua vida comum.

Será que você está prestando atenção à sua? Na chuva que bate sobre a janela. No céu azul de verão. As risadinhas de um bebê num avião lotado. Ver o amanhecer enquanto o mundo dorme. Será que essas não seriam epístolas pessoais? Será que Deus não pode falar no metrô numa segunda-feira ou na troca da fralda do bebê à meia-noite? Observe a sua vida.

> Não existe nenhum acontecimento "sem importância" em que Deus não esteja presente, sempre escondido, sempre deixando lugar para você reconhecê-lo ou não... Veja sua vida pelo incomensurável mistério que ela é. No enfado ou no sofrimento, ou até na alegria e na emoção: toque, experimente e cheire o caminho para o escondido e santo coração da vida, porque, em última análise, todos os momen-

tos são momentos-chave e a vida em si mesma é uma graça que recebemos do nosso Criador.[2]

Da próxima vez que a sua vida lhe parecer comum, siga o exemplo de Cristo. Preste atenção ao seu trabalho e ao seu mundo. A obediência de Jesus começou em uma carpintaria de uma pequena cidade. Sua abordagem incomum em relação à vida comum preparou-o para seu destino incomum. "E o mesmo Jesus começava a ser de quase trinta anos" (Lc 3.23). Você precisa abdicar da vida privada, a fim de iniciar a sua vida pública. Jesus tinha de dizer adeus ao *seu* mundo, a fim de transformar o mundo.

Ele precisava dar um beijo em Maria. Fazer sua última refeição na cozinha, dar um último passeio pelas ruas. Será que subiu em alguma das colinas de Nazaré e pensou no dia em que subiria a colina perto de Jerusalém?

Ele sabia o que ia acontecer. "O qual, na verdade, em outro tempo, foi conhecido, ainda antes da fundação do mundo" (1 Pe 1.20). Cada grama de sofrimento fora descrito — simplesmente coube a Ele desempenhar esta tarefa.

Não era preciso que fosse assim. Nazaré era uma cidade acolhedora. Por que não iniciar um negócio como carpinteiro? Manter sua identidade em segredo? Abandonar a cruz? Ser *forçado* a morrer é uma coisa, mas carregar a cruz nos próprios ombros, *voluntariamente*, é outra.

Alan e Penny McIlroy podem falar sobre isso. O fato de terem adotado duas crianças é uma atitude digna de elogios, porém não é incomum. O fato de terem adotado também as necessidades especiais dessas crianças é muito significativo, mas não é único. É a gravidade dos problemas de saúde que os coloca num lugar à parte.

Saleena é um bebê filho de uma viciada em cocaína. A overdose da mãe de Saleena deixou a criança incapaz de ouvir, ver, falar ou se mover. Penny e Alan adotaram essa criança quando ela tinha sete semanas.

O médico lhe deu um ano de vida. Ela já viveu seis.

Quando Penny me apresentou Saleena, ela acariciou seus cabelos e suas bochechas, contudo Saleena não respondeu. Ela nunca responde. Exceto por um milagre, ela nunca o fará. Nem sua irmã. "Essa é a Destiny", Penny me disse. Na cama ao lado, Destiny, de um ano, permanecia imóvel e vegetativa. Penny nunca ouvirá a voz de Destiny. Alan nunca receberá um beijo de Saleena. Eles nunca ouvirão suas filhas cantar no coro ou atravessar a plataforma. Eles irão dar banho, trocar, ajustar o tubo de alimentação e esfregar seus membros flácidos, e se não houver uma intervenção divina, essa mãe e esse pai não irão ouvir mais do que ouvimos naquela tarde — uma respiração borbulhante. "Preciso aspirar o nariz de Saleena", Penny me disse. "Talvez você prefira sair do quarto por alguns instantes."[3]

Assim fiz, e ao fazê-lo fiquei imaginando, que espécie de amor é esse? Que espécie de amor adota o desastre? Que espécie de amor olha o rosto de uma criança sabendo muito bem o peso de sua calamidade e diz: "Eu a aceito"?

Quando você descobrir uma palavra para tal amor, ofereça-a a Cristo. Pois o dia em que Ele deixou Nazaré, foi o dia em que Ele declarou sua devoção por você e por mim. Estávamos igualmente desamparados e reduzidos a um estado de espiritualidade vegetativa pelo pecado. De acordo com Pedro, tínhamos uma "vã maneira de viver" (1 Pe 1.18). No entanto, Deus, "que é riquíssimo em misericórdia, pelo seu muito amor com que nos amou, estando nós ainda mortos em nossas ofensas, nos vivificou juntamente com Cristo" (Ef 2.4,5).

Jesus deixou Nazaré à procura das Saleenas e das Destinys espirituais do mundo, e nos trouxe a vida.

Afinal de contas, talvez não sejamos tão comuns assim.

14

Ah... Ser Livre dos PPDs!

Lugares Religiosos

LUCAS 2.41-49

Lembra-se de quando apenas as pessoas contraiam vírus? Lembra-se de quando termos como "parasita" e "verme" eram usados para organismos vivos e irmãos mais novos? Lembra-se de quando infecções virais eram tratadas por médicos e a "quarentena" significava o isolamento das pessoas ou dos bichinhos infectados?

Não é mais assim. Hoje em dia, os computadores também ficam doentes. A preparação desse capítulo teria começado várias horas antes se um aviso de perigo do tipo "guerra química" não pusesse um congelamento no meu teclado. "Nada está abrindo! Seu computador pode ter um vírus!" Eu quase esperei por agentes dos Centros de Controle de Doenças vestindo roupas anti-radiação para entrarem apressadamente, cobrirem-me e saírem com meu *laptop*.

Eles não fizeram isso, mas um "médico" de computadores fez. Ele instalou um programa antivírus que protege a máquina contra 60.959 vírus.

Comecei a perguntar se o Ebola era um, porém não concluí a pergunta. Aprendi, de fato, que centenas de milhares de vírus foram criados. Estou compreendendo isso lembrando-me das gangues que fazem pichações e dão trotes nos restaurantes, deixando as tampas dos saleiros frouxas. Desordeiros que se infiltram em seu computador e devoram seus dados como um *Pac-Man*. Eu disse ao rapaz do computador que nunca tinha visto algo parecido.

Mais tarde, percebi que sim: "Eu já vi isso antes". Na verdade, um vírus de computador é um resfriado comum, comparado ao ataque de Chernobil, que você e eu devemos enfrentar. Considere a sua mente como um computador feito para armazenar e processar quantidades enormes de dados (nenhum comentário sobre a capacidade do disco rígido do seu vizinho, por favor). Pense nos seus pontos fortes como o *software*. Pianistas são "alimentados" com programas de música. Contadores parecem ter nascido com a capacidade de elaborar planilhas. Para os amantes da diversão, há jogos instalados. Somos diferentes, mas cada um de nós tem um computador e um *software*, e lamentavelmente temos vírus. Você e eu estamos infectados por pensamentos destrutivos.

Os vírus de computador têm nomes como Klez, Anna Kournikova e ILOVEYOU. Os vírus mentais são conhecidos como ansiedade, amargura, ira, culpa, vergonha, ganância e insegurança. Eles se infiltram em seu sistema e depreciam, e até mesmo incapacitam a sua mente. A isso chamamos PPDs: Padrões de Pensamento Destrutivo (na verdade, sou o único a chamá-los de PPDs).

Você tem algum PPD?

Quando vê alguém prosperar ou ter sucesso, você sente inveja?

Quando vê o esforçado, sente algum tipo de jactância?

Se alguém lhe desagrada, a probabilidade de esta pessoa voltar a lhe agradar é a mesma de eu ganhar a Tour-de-France (prova internacional de ciclismo)?

Já discutiu com alguém em sua mente? Refez ou reviveu as suas feridas? Você assume o pior acerca do futuro?

Caso sua resposta seja sim para alguma destas questões, você sofre de PPDs.

O que seria o seu mundo sem eles? Como você seria diferente se nenhum pensamento tenebroso ou destrutivo jamais tivesse penetrado sua mente. Suponha que você pudesse reviver sua vida sem nenhuma culpa, luxúria, vingança, insegurança ou medo. Nunca gastando energia mental com fofocas ou intrigas. Você seria diferente?

O que você teria que não tem? (As respostas sugeridas encontram-se no final deste capítulo.)

O que você teria feito que não fez? (As respostas sugeridas encontram-se no final deste capítulo.)

Ah... ser livre dos PPDs. Nenhuma energia perdida, nenhum tempo desperdiçado. Não seria tal pessoa vigorosa e sábia? Uma vida de pensamentos saudáveis e santos daria a qualquer pessoa um caráter alegre.

No entanto, onde você encontraria tal indivíduo? Um computador não infectado pode ser comprado — mas uma pessoa não infectada? Impossível. Siga o rastro de um vírus de computador e encontre um *hacker*. Siga o rastro dos nossos vírus mentais e encontre a queda do primeiro homem, Adão. Por causa do pecado, nossas mentes estão repletas de pensamentos perversos. "Tendo conhecido a Deus, não o glorificaram como Deus, nem lhe deram graças; antes, em seus discursos se desvaneceram, e o seu coração insensato se obscureceu. Dizendo-se sábios, tornaram-se loucos" (Rm 1.21,22).

Responsabilize o pecado pelos PPDs. O pecado desordena a mente. E se o vírus nunca tivesse entrado? Pense em uma pessoa que nunca abriu os e-mails de Satanás. Como essa pessoa seria?

Ela seria muito parecida com o menino de doze anos sentado no Templo em Jerusalém. Embora Ele não tivesse barba e fosse simples, os pensamentos desse menino eram profundos. Basta perguntar aos teólogos com quem Ele conversou. Lucas oferece o seguinte registro:

> E aconteceu que, passados três dias, o acharam no templo, assentado no meio dos doutores, ouvindo-os e interrogando-os. E todos os que o ouviam admiravam a sua inteligência e respostas (Lc 2.46,47).

Por três dias, José e Maria ficaram separados de Jesus. O Templo era o último lugar onde eles pensavam em procurá-lo. Todavia, foi o primeiro para onde Jesus foi. Ele não foi à casa de um primo ou de um amigo. Jesus buscou o lugar de pensamentos piedosos e, fazendo assim, inspira-nos a fazer o mesmo. Até o momento em que José e Maria o encontraram, Cristo havia confundido os homens mais instruídos no Templo. Esse menino não pensava como um menino.

Por quê? O que tornava Jesus diferente? A Bíblia não fala nada sobre o seu QI. Quando se trata do tamanho da memória RAM do seu computador mental, nada nos é dito. Contudo, quando se trata da pureza de sua mente, nos é dada uma assombrosa alegação: "Àquele que não conheceu pecado, [Deus] o fez pecado por nós; para que, nele, fôssemos feitos justiça de Deus" (2 Co 5.21). Pedro diz que Jesus "... não cometeu pecado, nem na sua boca se achou engano" (1 Pe 2.22). João viveu ao seu lado durante três anos e concluiu: "... nele não há pecado" (1 Jo 3.5).

Sua alma era imaculada, e o testemunho daqueles que o conheciam era surpreendente. Seu irmão carnal, Tiago, chamou Cristo de "o justo" (Tg 5.6). Pilatos não pôde encontrar nenhuma falta nEle (Jo 18.38). Judas confessou que ele, por trair a Cristo, traiu o sangue inocente (Mt 27.4). Até os demônios declararam sua condição singular: "Bem sei quem és: o Santo de Deus" (Lc 4.34).

A prova mais estrondosa da sua perfeição foi o silêncio que seguiu a questão. Quando seus acusadores chamaram-no de um servo de Satanás, Jesus pediu para ver a evidência deles. Ele os desafiou: "Quem dentre vós me convence de pecado?" (Jo 8.46) Peça ao meu grupo de amigos que aponte os meus pecados e veja as mãos levantarem-se. Quando aqueles que conheciam a Jesus ouviram a mesma pergunta, ninguém disse nada. Cristo foi seguido por discípulos, analisado pelas multidões, criticado pela família e escrutinado pelos inimigos; contudo, ninguém se lembraria dEle cometendo sequer um pecado. Jesus nunca foi encontrado no lugar errado. Nunca disse a palavra errada. Nunca agiu de forma errada. Ele nunca pecou. Não que Ele não tenha sido tentado, lembre-se! "Como nós, em tudo foi tentado, mas sem pecado" (Hb 4.15).

A luxúria o cortejou. A ganância procurou seduzi-lo. O poder o chamou. Jesus foi tentado, porém resistiu. Ele "recebeu" o e-mail contaminado, mas resistiu ao impulso de abri-lo.

As palavras "sem pecado" nunca puderam permanecer coabitando com outra pessoa. Aqueles que conheceram melhor a Cristo, entretanto, falaram de sua pureza em uníssono e com convicção. E porque Ele não tinha pecado, sua mente era imaculada. Sem os PPDs. Não é de se admirar que as pessoas estivessem maravilhadas com o seu ensino (Mc 1.22). Sua mente estava livre de vírus.

Entretanto, isso importa? A perfeição de Cristo me afeta? Se Ele fosse um Criador distante, a resposta seria "não". Mas como Ele é o Salvador que está bem ao nosso lado, a resposta é um enorme "sim"!

Lembra-se do menino de doze anos no Templo? Você foi feito para ser como Cristo! Esse é o objetivo de Deus para você! A prioridade de Deus é que você seja uma pessoa transformada pela renovação de seu entendimento (Rm 12.2). Você pode ter nascido com certa propensão ao vírus, mas não deve viver dessa forma. Há esperança para a sua mente! Você é um paranóico? Não precisa ser para sempre. A culpa o incomoda e a vergonha o mancha? Inclinado à ira? À inveja? Deus pode tomar conta disso. Deus pode mudar a sua mente.

Se alguma vez já existiu um candidato para PPDs, este era George. Abandonado pelo pai, tendo perdido em seguida sua mãe, o garotinho foi adotado diversas vezes, porém sempre fugia de casa, indo viver nas ruas. Um alvo fácil para a amargura e a ira. George poderia ter gastado sua vida vingando-se, todavia ele não fez isso. Não o fez porque Mariah Watkins o ensinou a cultivar bons pensamentos.

As necessidades de cada um fizeram com que eles se aproximassem — Mariah, uma lavadeira sem filhos, e George, um órfão sem-teto. Quando Mariah descobriu o jovem garoto dormindo em seu celeiro, ela o acolheu. Não apenas isso; tomou conta dele, levou-o à igreja e o ajudou a encontrar seu caminho em direção a Deus. Quando George deixou a casa de Mariah, entre suas poucas aquisições estava uma Bíblia que ela lhe dera. Ele deixou sua casa, ela deixou sua marca.[1]

E quando George partiu desse mundo, ele havia deixado a sua marca.

George — George Washington Carver — é um dos pais da agricultura moderna. A história atribui-lhe mais de 300 produtos extraídos exclusivamente de amendoins. O hóspede de Mariah Watkins, outrora órfão, tornara-se o amigo de Henry Ford, Mahatma Gandhi e de três presidentes. Ele entrava em seu laboratório todas as manhãs orando da seguinte maneira: "Desvenda os meus olhos, para que veja as maravilhas da tua lei" (Sl 119.18).[2]

Deus responde a pessoas que oram assim. Ele muda o homem, mudando sua mente. E como isso acontece? Fazendo o que você está fazendo agora. Considerando a glória de Cristo: "Mas todos nós, com cara descoberta, refletindo, como um espelho, a glória do Senhor, somos transformados de glória em glória, na mesma imagem, como pelo Espírito do Senhor" (2 Co 3.18).

Observá-lo é tornar-se como Ele. À medida que Cristo domina seus pensamentos, Ele o transforma de um degrau de glória para outro até que — segure-se! — você esteja pronto para viver com Ele.

O céu é o lugar das mentes sem pecado, do pensamento livre de vírus, da confiança absoluta, sem nenhum medo ou ira. A vergonha e as segundas intenções são práticas de uma vida prévia. O céu será maravilhoso, não porque as suas ruas são de ouro, mas porque nossos pensamentos serão puros.

Então, o que você está esperando? Use o antivírus de Deus. "Pensai nas coisas que são de cima e não nas que são da terra" (Cl 3.2). Entregue-lhe o melhor de seus pensamentos e veja se Ele não muda a sua mente.

Respostas sugeridas:
1) Mais descanso, alegria e paz.
2) Abraçado mais as crianças, amado melhor o seu cônjuge, criado eliminadores de vírus de computador e viajado à Paris para assistir o Max ganhando o Tour-de-France.

15

De Chutadores de Pneus a Compradores de Carros

Lugares Inesperados

MATEUS 3.13-17

Ninguém lhe presta muita atenção. Não que eles devessem. Nada em sua aparência o separa da multidão. Como os demais, ele está na fila, esperando a sua vez. A frieza da lama é confortável entre os dedos de seus pés, assim como as ocasionais batidas da água são bem-vindas em seus pés. Ele, como os outros, pode ouvir a voz distante do pregador.

Entre os batismos, João, o Batista, tende a pregar. Impetuoso. Fervoroso. Intrépido. De rosto bronzeado, barbado, seus olhos são tão agrestes quanto a região de onde ele vem. A sua presença já é um sermão — uma voz: "Voz do que clama no deserto: Preparai o caminho do Senhor; endireitai as suas veredas" (Lc 3.4).

Ele se mantém imerso até a cintura no rio azul-escuro, o Jordão. Ele faz uma veste do pêlo de camelos, uma refeição de insetos e, mais importante, um sinal convidando todas as pessoas para se batizarem. "E percorreu toda a terra ao redor do Jordão, pregando o batismo de arrependimento, para o perdão dos pecados" (Lc 3.3).

O batismo não era uma prática nova. Era um rito requerido a qualquer gentio que procurasse se tornar um judeu. O batismo era para as pessoas de segunda classe, apodrecidas, rejeitadas; não para os limpos, os favoritos do topo da lista — os judeus. Aí está o problema. João se recusa a fazer qualquer tipo de separação entre judeus e gentios. Em seu livro, todo coração precisa de um trabalho detalhado.

Todo coração, isto é, exceto um. Essa é a razão pela qual João se sente pasmado quando certa pessoa entra no rio.

> Mas João opunha-se-lhe, dizendo: Eu careço de ser batizado por ti, e vens tu a mim? Jesus, porém, respondendo, disse-lhe: Deixa por agora, porque assim nos convém cumprir toda a justiça. Então, ele o permitiu. E, sendo Jesus batizado, saiu logo da água, e eis que se lhe

> abriram os céus, e viu o Espírito de Deus descendo como pomba e vindo sobre ele. E eis que uma voz dos céus dizia: Este é o meu Filho amado, em quem me comprazo (Mt 3.14-17).

A relutância de João é compreensível. Uma cerimônia de batismo é um lugar estranho para se encontrar o Filho de Deus. Ele deveria ser batizado, ao invés de estar batizando. Por que Cristo iria querer ser batizado? Se o batismo era, e é, para o pecador confesso, como explicamos a imersão da única alma sem pecado da história?

Você encontrará a resposta no pronome: "Deixa por agora, porque assim *nos* convém cumprir toda a justiça. Então, ele o permitiu" (Mt 3.15, ênfase minha).

A quem se refere o termo "nos"? A Jesus e a nós. Por que Jesus se inclui? É fácil entender porque você, eu, João Batista e as multidões no rio temos de fazer o que Deus diz. Mas Jesus? Por que Ele precisaria ser batizado?

Aqui está o porquê: Ele fez por nós o que eu fiz por uma de minhas filhas em uma loja do aeroporto La Guardia, em Nova Iorque. A placa acima das peças de cerâmica dizia: "Não toque". Mas o desejo foi mais forte que o aviso, e ela tocou. A peça quebrou-se. Quando olhei, minha filha de dez anos, Sara, estava segurando apenas dois pedaços do que restou da cerâmica, e ao lado dela, uma gerente de loja aborrecida. Entre elas pairava um nervoso silêncio. Minha filha não tinha dinheiro. Então fiz o que os pais fazem. Eu intervim. "Quanto *nós* lhe devemos?", perguntei.

Por que eu devia alguma coisa? Simples. Ela era minha filha. E visto que não podia pagar, eu paguei.

Como você e eu não poderíamos pagar, Cristo pagou. Nós quebramos muito mais do que suvenires. Quebramos mandamentos, promessas e, pior do que tudo, quebramos o coração de Deus.

No entanto, Cristo vê a nossa condição. Com a lei na parede e mandamentos despedaçados no chão, Ele se aproxima (como um vizinho) e oferece um presente (como um Salvador).

O que nós devemos? Devemos a Deus uma vida perfeita. Perfeita obediência a todos os seus mandamentos. Não apenas ao mandamento do batismo, mas aos mandamentos que se referem à humildade, à honestidade, à integridade. Não podemos nos livrar. Poderiam até mesmo nos cobrar valores tão elevados quanto os das propriedades de Manhattan. Contudo, Cristo é capaz de nos livrar, e nos livrou. Sua imersão no Jordão é um retrato da sua imersão em nosso pecado. Seu batismo anuncia: "Deixe-me pagar".

O seu batismo responde: "Vou deixar, com certeza". Ele oferece publicamente. Nós aceitamos publicamente. "Ou não sabeis que todos quantos fomos batizados em Jesus Cristo fomos batizados na sua morte?" (Rm 6.3) No batismo, nos identificamos com Cristo. Passamos da condição de "chutadores de pneus" a de "compradores de carros". Saímos das sombras, seguimos em sua direção e anunciamos: "Eu estou com Ele".

Eu costumava fazer isto em um cinema do tipo *drive-in*.

Lembra-se dos cinemas *drive-in*? (Crianças, perguntem a um adulto.) Aquele em Andrews, no Texas, tinha uma noite especial na sexta-feira — todas as pessoas ficavam no carro pelo preço do motorista. Ainda que o carro carregasse um passageiro ou uma dúzia de passageiros, o preço era o mesmo. Freqüentemente optávamos por uma dúzia. A lei não permitiria fazermos hoje o que fazíamos naquela época. Os ombros esmagavam-se. Os rapazes menores no colo dos maiores. O conforto era miserável, mas o preço era justo. Quando a pessoa na bilheteria olhava para dentro do carro, apontávamos para o motorista e dizíamos: "Estamos com ele".

Deus não diz que você deve se lançar ao carro de Cristo; Ele diz que você deve se lançar a Cristo! "Portanto, agora, nenhuma condenação há para os que estão em Cristo Jesus, que não andam segundo a carne, mas segundo o espírito" (Rm 8.1). Ele é o seu veículo! O batismo celebra a sua decisão de ter o seu assento. "Todos quantos fostes batizados *em* Cristo já vos revestistes de Cristo" (Gl 3.27, ênfase minha). Não somos salvos pelo ato, mas o ato demonstra a forma como somos salvos. Recebemos o crédito para uma vida perfeita que nós não conduzimos — na verdade, uma vida que nunca poderíamos conduzir.

Temos recebido um presente semelhante ao que Billy Joel deu à sua filha. Em seu 12º aniversário, ela estava na cidade de Nova Iorque, e o músico das paradas de sucesso estava em Los Angeles. Ele lhe telefonou naquela manhã, desculpou-se por sua ausência, porém disse-lhe para esperar a entrega de um enorme pacote antes do final do dia. A menina atendeu à campainha naquela noite e encontrou uma caixa de mais de dois metros de altura, embrulhada em um papel brilhante. Ela a abriu, rasgando-a, e daquela caixa saiu o seu pai, recém-saído do avião da Costa Oeste.

Você pode imaginar a surpresa da menina?[1]

Talvez possa. O seu presente também veio em carne.

16

O Longo e Solitário Inverno

Lugares Desertos

LUCAS 4.1-13

A dureza do deserto. O solo rachado. As rochas cortantes. A areia que muda. O sol escaldante. Espinhos que ferem. A miragem de um oásis. Horizontes flutuantes nunca ao alcance. Assim é o ambiente do deserto.

A dureza da alma. Promessas rachadas. Palavras cortantes. Os compromissos que mudam. A ira escaldante. Rejeições que ferem. A miragem da esperança. Soluções distantes nunca ao alcance. Assim é a natureza da alma.

Alguns de vocês conhecem o primeiro. Todos conhecem a segunda. Jesus, no entanto, conheceu ambos.

Com a pele ainda úmida da água do rio Jordão, Ele se afastou da comida e dos amigos e entrou na região das hienas, dos lagartos e dos urubus. Ele "... foi levado pelo Espírito ao deserto. E quarenta dias foi tentado pelo diabo, e, naqueles dias, não comeu coisa alguma, e, terminados eles, teve fome" (Lc 4.1,2).

O deserto não foi uma época típica para Jesus. A normalidade acabara no Jordão e seria redescoberta na Galiléia. O deserto foi e é atípico. Um período obscuro na história da vida. Uma estação feroz de encontros cara-a-cara com o demônio.

Você não precisa viajar a Israel para passar por isso. Um cemitério servirá. Também um hospital. A tristeza pode levá-lo ao deserto. A mesma coisa vale para o divórcio, ou para as dívidas, ou para a depressão.

Esta manhã falei com um amigo que, pensando estar livre do câncer, vai ter de voltar para a quimioterapia. Deserto. No almoço, encontrei um companheiro que certa vez contou-me sobre o seu casamento, tão difícil. Perguntei-lhe como iam as coisas. Ele encolheu os ombros e respondeu: "Vai indo". Deserto. Abri um e-mail de uma amiga que está passando o verão na casa da sua mãe moribunda. Ela, o asilo e a morte. Esperando. No deserto.

Você quase sempre pode associar as peregrinações no deserto com alguma transição. Jesus entrou no rio Jordão como um carpinteiro e saiu como o Messias. O seu batismo acionou uma chave de mudança.

Você passou por alguma transição ultimamente? Uma transferência? Uma promoção no trabalho? Um rebaixamento profissional? Uma casa nova? Se a resposta for afirmativa, esteja atento. O deserto pode estar próximo.

Como você sabe quando está passando por um deserto?

Você está sozinho. Seja nos fatos ou nos sentimentos, ninguém pode o ajudar, entender ou resgatar.

E a sua luta parece não ter fim. Na Bíblia o número quarenta está associado a longas batalhas. Noé encarou a chuva durante quarenta dias. Moisés esteve no deserto durante quarenta anos. Jesus enfrentou a tentação durante quarenta dias e noites. Por favor, observe, Ele não enfrentou a tentação *em um* desses dias. Jesus estava no deserto, "e quarenta dias foi tentado pelo diabo" (v. 2). A batalha não se limitou a três perguntas. Jesus passou um mês e dez dias lutando com Satanás. O deserto é um longo e solitário inverno.

Um médico depois do outro. Um currículo depois do outro. Uma fralda depois da outra. Um remédio depois do outro. Uma dor de cabeça depois da outra. Parece que você está em pleno inverno, e nem ao menos se lembra como é o cheiro da primavera.

Mais um sintoma das terras desérticas: você pensa no impensável. Jesus o fez. Muitas possibilidades podem ter passado pela sua mente. Associar-se a Satanás? Optar por ser um ditador e não um Salvador? Pôr fogo na Terra e começar tudo de novo em Plutão? Não sabemos o que Ele pensou. O que sabemos é o seguinte: Cristo foi tentado. O que é inimaginável antes de estar no deserto, torna-se possível quando você está nele. Um casamento difícil pode fazer com que um bom homem olhe duas vezes para a mulher errada. Uma enfermidade prolongada faz com que até mesmo a alma mais valente pense em suicídio. O estresse faz com que a boate mais enfumaçada pareça perfumada. O deserto enfraquece a determinação.

Por esse motivo, o deserto é o berçário dos vícios. Comida e bebida em excesso, jogo compulsivo, pornografia — todos são soluções de curto prazo para problemas que têm raízes profundas. Normalmente, essas coisas não seriam atraentes, mas no deserto você pensa no impensável.

Jesus pode não ter comido pão, mas certamente sentiu-se tentado a fazê-lo. Ele conhece o deserto, mais do que você pode imaginar.

Cristo foi àquelas terras "... conduzido... pelo Espírito ao deserto, para ser foi tentado pelo diabo" (Mt 4.1). Como explicamos isso? A lista de lugares surpreendentes cresce mais uma vez. Se Jesus no útero, ou nas águas do Jordão, não surpreende você, no deserto irá fazê-lo. Por que Jesus foi ao deserto?

A expressão *nova competição* significa alguma coisa para você? Pela segunda vez na história, uma mente pura será desafiada pelo anjo caído. O segundo Adão veio para alcançar a vitória onde o primeiro fracassou. Jesus, contudo, enfrenta um teste muito mais severo. Adão foi testado num jardim; Cristo está num terreno completamente devastado. Adão enfrentou Satanás com o estômago cheio; Cristo está em um jejum. Adão tinha uma companhia: Eva. Cristo não tinha ninguém consigo. Adão foi desafiado a permanecer sem pecado num mundo sem pecados. Cristo, por outro lado, é desafiado a permanecer sem pecado num mundo dominado pelo pecado.

Desprovido de qualquer desculpa ou ajuda, Jesus desafia o Diabo a entrar na arena. "Você tem assombrado os meus filhos desde o início. Vamos ver o que consegue fazer comigo." E Satanás aceita. Durante quarenta dias os dois ficam frente a frente. O Filho dos Céus é tentado, mas nunca vacila; é provocado, mas nunca cede. Ele vence onde Adão fracassou. Essa vitória, de acordo com Paulo, é uma imensa vitória para todos nós: "Pois assim como por uma só ofensa veio o juízo sobre todos os homens para condenação, assim também por um só ato de justiça veio a graça sobre todos os homens para justificação de vida" (Rm 5.18).

Cristo continua no papel de seu representante, seu substituto, seu dublê. Ele fez por você o que o meu amigo Bobby Aycock fez por David. Os dois estavam num campo de treinamento de recrutas em 1959. David era um soldado promissor, embora fisicamente pouco qualificado. Ele tinha a vontade, mas não a força. Era simplesmente impossível que ele fosse aprovado no teste físico, pois era muito fraco para os exercícios na barra.

Entretanto, Bobby gostava tanto de David que ele teve um plano. Vestiu a camiseta do seu amigo. Na camiseta estavam estampados o sobrenome de David, duas iniciais e o seu número de recruta. Os superiores não conheciam os rostos, eles simplesmente liam os nomes e números das camisetas e marcavam os pontos numa lista de nomes. Assim, Bobby fez os exercícios. O resultado é que David pareceu muito bom sem suar nem um pouco.

E com você aconteceu a mesma coisa. Veja, não tínhamos condição de enfrentar Satanás. Jesus sabe disso. Então, Ele vestiu a nossa camiseta.

Melhor ainda, vestiu a nossa carne. Ele "em tudo foi tentado, mas sem pecado" (Hb 4.15). E porque Ele fez isso, passamos no teste com honras.

Deus aprova você no teste do deserto de Jesus. Acredite nisso. Se não acreditar, os dias do deserto lhe darão um golpe duplo. O gancho direito é a luta. O golpe de esquerda é a vergonha por não vencer a luta. Confie na obra do Senhor Jesus.

E confie na Palavra dEle. Não confie nas suas próprias emoções. Não confie nas suas opiniões. Não confie sequer nos seus amigos. No deserto, ouça somente a voz de Deus.

Novamente, Jesus é o nosso modelo. Lembra-se de como Satanás o provocou? "Se tu és o Filho de Deus..." (Lc 4.3,9) Por que Satanás diria isso? Porque ele sabia o que Cristo tinha ouvido no batismo. "Este é o meu Filho amado, em quem me comprazo" (Mt 3.17).

"Você é realmente o Filho de Deus?", pergunta Satanás. Então vem o desafio — "Prove!" Prove fazendo alguma coisa:

"Dize a esta pedra que se transforme em pão" (v. 3).

"Se tu me adorares, tudo será teu" (v. 7).

"Lança-te daqui abaixo" (v. 9).

Que sedução sutil! Satanás não declara guerra a Deus; simplesmente levanta dúvidas a respeito de Deus. A obra do Senhor é suficiente? Obras terrenas — como transformar o pão ou atirar-se — têm o mesmo peso que obras celestiais. Ele tenta gradualmente remover a nossa confiança na promessa de Deus e colocá-la no nosso desempenho.

Jesus não morde a isca. Nenhum sinal celestial é exigido. Ele não pede um relâmpago; simplesmente cita a Bíblia. Três tentações. Três declarações.

"Escrito está..." (v. 4)

"Está escrito..." (v. 8)

"Dito está..." (v. 12)

A arma escolhida para a sobrevivência de Jesus é a Palavra de Deus. Se a Bíblia foi suficiente para o seu deserto, ela não deveria ser suficiente também para nós? Não se engane aqui. Tudo o que é necessário para a sobrevivência no deserto está nas Escrituras. Numa viagem ao Reino Unido, nossa família visitou um castelo. No centro do jardim havia um labirinto. Fileiras de sebes à altura dos ombros, uma após outra, levando a um ponto sem saída. Percorra com sucesso o labirinto e descubra a porta de uma torre alta no centro do jardim. Se olhasse as fotos da minha viagem, você veria quatro dos cinco membros da família no topo da torre. Humm, alguém ainda está no chão. Adivinhe quem? Eu estava preso no meio da folhagem. Não conseguia descobrir por onde ir.

Ah, mas então ouvi uma voz vinda de cima. "Ei, Papai." Olhei para cima e vi Sara, espiando através das aberturas do topo. "Você está indo para o lado errado", explicou. "Volte e vire à direita."

Você acha que eu confiei nela? Não precisava. Poderia ter confiado nos meus próprios instintos, ou consultado outros turistas confusos, ou ainda ter sentado e ficado magoado, me perguntando por que Deus permitiu que isso acontecesse comigo. Porém, você sabe o que fiz? Eu ouvi. O seu ponto de vista era melhor que o meu. Ela estava acima do labirinto; podia ver o que eu não conseguia.

Você não acha que deveríamos fazer a mesma coisa em relação a Deus? "Porventura, Deus não está na altura dos céus?" (Jó 22.12). "Exaltado está o Senhor, acima de todas as nações" (Sl 113.4). Ele não consegue ver o que nos ilude? Não quer nos tirar dali e levar-nos para casa? Então, devemos fazer o que Jesus fez.

Confie nas Escrituras. Duvide das suas dúvidas antes de duvidar das suas crenças. Cristo disse a Satanás: "Nem só de pão viverá o homem, mas de toda a palavra que sai da boca de Deus" (Mt 4.4). A palavra *sai* significa literalmente "jorra". O tempo do verbo sugere que Deus está se comunicando constante e fortemente com o mundo por meio da sua Palavra. Deus ainda está falando!

Agüente firme. O seu tempo no deserto vai passar. O de Jesus passou. "Então, o diabo o deixou; e, eis que chegaram os anjos e o serviram" (Mt 4.11).

Até que os anjos venham a você:

Confie na Palavra do Senhor. Como fiz no labirinto, você precisa de uma voz para mostrar-lhe a saída.

Confie na obra do Senhor. Como David no campo de recrutas, você precisa de um amigo para tomar o seu lugar.

Graças a Deus, você tem Um que o fará.

17

Deus Está no meio das Tempestades

Lugares Chuvosos

MATEUS 14.22-33

Numa manhã de setembro de 2001, Frank Silecchia amarrou os cordões das suas botas, colocou o seu chapéu e saiu da sua casa em Nova Jersey. Como um trabalhador da construção civil, ele ganhava a vida construindo edifícios. Mas como um voluntário nas ruínas do World Trade Center, ele apenas tentava entender tudo aquilo. Frank esperava encontrar alguém com vida, porém não conseguiu. O que encontrou foram quarenta e sete cadáveres.

No entanto, no meio daquele amontoado de cadáveres, ele tropeçou num símbolo — uma cruz de aço, feita de vigas, de seis metros de altura. O choque da Torre Um sobre o Edifício Seis criou uma nuvem de poeira no meio da confusão. Os raios do sol ao refletir sobre tal cenário fizeram com que Frank enxergasse uma cruz.

Nenhum guindaste tinha içado a cruz; nenhum cimento a suportava. As vigas estavam erguidas independentes da ajuda humana. Erguidas sozinhas, mas não sozinhas. Outras cruzes descansavam ao acaso, na base da maior. Tamanhos variados, diferentes ângulos, porém todas cruzes.

Alguns dias mais tarde, os engenheiros perceberam que as vigas da cruz maior vinham de dois edifícios diferentes. Quando um colidiu com o outro, as duas vigas se uniram, forjadas pelo fogo.[1]

Um símbolo no meio dos escombros. Uma cruz encontrada na crise. "Onde está Deus no meio de tudo isto?", perguntávamos. A descoberta nos desafiou a ter esperança: "Bem no meio de tudo isto".

Será que a mesma coisa pode ser dita sobre as nossas tragédias? Quando a ambulância leva o nosso filho, ou a doença, o nosso amigo; quando a economia leva a nossa aposentadoria, ou um relacionamento secreto, o nosso coração — será que podemos, como Frank, encontrar Cristo na crise? A presença dos problemas não nos surpreende. A ausência de Deus, no entanto, nos destrói.

Podemos lidar com a ambulância, se Deus estiver nela.

Podemos suportar a UTI, se Deus estiver nela.

Podemos enfrentar a casa vazia, se Deus estiver nela.

Ele está?

Mateus gostaria de responder esta pergunta por você. As paredes que desabavam ao seu redor eram feitas de água. Nenhum teto tinha desabado, mas parecia que o céu sim.

Uma tempestade no mar da Galiléia era semelhante a um lutador de sumô (luta japonesa), com sua enorme barriga, jogado numa piscina infantil. O vento comprimindo e soprando rajadas no lago, por toda a parte. Ondas de três metros de altura eram comuns.

O relato começa ao cair da noite. Jesus está orando na montanha, e os discípulos estão no barco, com medo. Eles estão "no meio do mar, [açoitados] pelas ondas" (Mt 14.24). Quando Cristo virá até eles? Às três horas da manhã (v. 25). Se a "noite" começou às seis da tarde, e Cristo veio às três da manhã, os discípulos estiveram sozinhos na tempestade durante nove horas! Nove horas tempestuosas. Tempo suficiente para que mais de um deles perguntasse: "Onde está Jesus? Ele sabe que estamos no barco. Pelo amor de Deus, foi idéia dEle. Estará Deus por perto?"

E do meio da tempestade vem uma voz inconfundível: "Sou eu".

O manto molhado, o cabelo ensopado. As ondas batendo em sua cintura e a chuva ferindo o seu rosto. Jesus fala logo com eles: "Tende bom ânimo, sou eu; não temais" (v. 27).[2]

Essas palavras soam estranhas, não é verdade? Se você já leu a história, estará acostumado a um grito diferente de Cristo. Alguma coisa como: "Tenham coragem! Sou eu!", ou "Está tudo bem... eu estou aqui!", ou "Coragem, sou eu".

Uma tradução literal da sua afirmação resultaria em "Coragem! Sou eu! Não tenham medo". Os tradutores improvisam as suas palavras por motivos óbvios. "Sou eu" parece truncado. "Eu estou aqui" parece mais completo. Entretanto, o que Jesus gritou na tempestade foi simplesmente o magistral "Sou eu".

Falando de uma sarça em chamas a um amedrontado Moisés, Deus anunciou: "EU SOU O QUE SOU" (Êx 3.14).

Num desafio supremo aos seus inimigos, a fim de provar que as suas afirmações eram falsas, Jesus declarou: "... antes que Abraão existisse, eu sou" (Jo 8.58).

Determinado a dizer isto quantas vezes fossem necessárias, num "alto e bom som", Cristo diz:

- "Eu sou o pão da vida" (Jo 6.48).
- "Eu sou a luz do mundo" (Jo 8.12).
- "Eu sou a porta; se alguém entrar por mim, salvar-se-á" (Jo 10.9).
- "Eu sou o bom Pastor" (Jo 10.11).
- "Sou Filho de Deus" (Jo 10.36).
- "Eu sou a ressurreição e a vida" (Jo 11.25).
- "Eu sou o caminho, e a verdade, e a vida" (Jo 14.6).
- "Eu sou a videira verdadeira" (Jo 15.1).

O Cristo do verbo no presente. Ele nunca diz: "Eu era". Nós, sim. E dizemos, porque "nós éramos". Éramos mais jovens, mais rápidos, mais bonitos. Propensos a sermos pessoas dos verbos no passado. Deus, não. Inabalável em sua força, Ele jamais precisa dizer: "Eu era".

O céu não tem espelhos retrovisores. Nem bolas de cristal. O nosso "Eu Sou", nosso Deus, nunca diz: "Algum dia eu serei".

Novamente, nós desejamos. Alimentados por sonhos, estendemos o braço ao horizonte. "Algum dia eu..." Porém Deus, não. A água pode ser mais molhada? O vento pode não soprar? Deus pode ser mais Deus? Não. Ele não muda. Ele é o grande Deus, o "Eu Sou". "Jesus Cristo *é* o mesmo ontem, e hoje, e eternamente" (Hb 13.8).

Do meio da tempestade, o resoluto Jesus diz: "Eu Sou". Em tom alto, nas ruínas do World Trade Center. Ousado contra as ondas da Galiléia. Na UTI, no campo de batalha, na reunião da diretoria, na cela da prisão, ou no berçário — qualquer que seja a sua tempestade, Ele diz: "Eu Sou".

A construção desta passagem faz ecoar este ponto. A narração é formada por dois atos, ou duas cenas, cada um com seis versículos. O primeiro, dos versículos 22 a 27, concentra-se na poderosa caminhada de Jesus. O segundo, dos versos 28 a 33, na caminhada de fé de Pedro.

No primeiro ato, Cristo vem sobre as ondas e declara as palavras gravadas em cada coração sábio: "Tende bom ânimo, sou eu; não temais". Na segunda cena, um discípulo desesperado dá um passo de fé e — por um momento — faz aquilo que Cristo faz. Ele caminha sobre as águas. Então, desvia seus olhos de Cristo e faz o que fazemos. Ele cai.

Duas cenas. Cada uma com seis versículos. Cada conjunto de seis versículos contém noventa palavras gregas. E bem no meio das duas cenas, dos dois grupos de versículos, das 180 palavras, está esta declaração de duas palavras: "Eu Sou".

Mateus, que é bom em números, reforça este ponto. Isto aparece em camadas, como um sanduíche:

Graficamente: Jesus — ensopado, mas forte.

Lingüisticamente: Jesus — o Deus "Eu Sou".

Matematicamente: seja nas palavras ou no ambiente climático, Jesus — no meio de tudo.

Deus está no meio das circunstâncias! Mar Vermelho. Grandes pescarias. No covil dos leões e nas fornalhas. Nos negócios falidos e nas celas das prisões. No deserto da Judéia, nos casamentos, nos funerais e nas tempestades da Galiléia. Olhe, e você descobrirá o que todos, de Moisés a Marta, descobriram. Deus, no meio das nossas tempestades.

Isto inclui a sua.

Durante os dias em que este livro estava sendo escrito, uma jovem mulher morreu na nossa cidade. Ela era casada havia pouco tempo, mãe de um bebê de dezoito meses. A sua vida foi abreviada. O socorro e a esperança parecem inaproveitáveis nessas ocasiões. Todavia, no funeral, o pastor que estava encarregado da cerimônia partilhou conosco uma lembrança, no seu elogio fúnebre, que nos deu as duas coisas.

Durante muitos anos ela tinha vivido e trabalhado em Nova Iorque. Em virtude de sua longa amizade, ele estivera em contato com ela via e-mail. Numa noite, recebeu uma mensagem direta da presença persistente de Deus.

Ela não tinha descido do metrô na sua estação. Quando percebeu o equívoco, não soube o que fazer. Orou por segurança e por algum sinal da presença de Deus. Isto não era nem a hora nem o lugar para que uma mulher jovem e atraente passasse sozinha por um bairro perigoso. Nesse momento, as portas se abriram, e entrou um homem de aparência indigente, extremamente mal arrumado, que se jogou no banco ao seu lado. *Deus? Você está por perto?*, ela orou. A resposta veio numa canção. O homem pegou uma gaita e tocou "Que o Senhor Seja a minha Visão" — o hino favorito da mãe dela.

A canção foi suficiente para convencê-la. Cristo estava ali, no meio de tudo.

Silecchia o viu, em meio aos escombros. Mateus o viu nas ondas. E você? Olhe com atenção. Ele está aí. Bem no meio de tudo.

18

Esperança ou Engodo?

O Lugar mais Alto

LUCAS 9.28-36

Feira Estadual do Texas, 1963. Um grande espaço e uma grande noite para os olhos arregalados de um garoto de oito anos de idade, cuja semana culminava numa grande sorveteria aos sábados.

O parque de diversões ressoava com a agitação. A montanha russa. A roda gigante. Maçãs do amor, algodão doce e a pipoca. E, acima de tudo, as vozes.

"Dê um passo à frente e tente a sorte!"

"Por aqui, meu jovem. Três tiros por um real."

"Venha, rapaz. Ganhe um ursinho de pelúcia para a sua namorada."

Ulisses e os seus homens nunca ouviram vozes mais doces. Será que devo brincar com aquele magricela? Ou ouvir o chamado da senhora gorda e atirar bolas nas garrafas de leite? O sujeito de cartola e casaca me desafia a explorar a mansão assombrada. "Entre. Qual é o problema? Medo?"

Uma fileira de camelôs — um de cada vez. Papai tinha me avisado sobre eles. Ele sabia como era o caminho. Não me lembro exatamente das suas palavras, mas lembro-me do impacto. Fiquei de mãos dadas com ele. E todas as vezes que ouvia as vozes, olhava para ele. Papai dava proteção ou permissão. Um revolver dos olhos significava "continue andando". Ele tinha farejado um embusteiro. Um sorriso e um aceno de cabeça queriam dizer: "Pode ir — aqui não há perigo".

Meu pai ajudou-me a lidar com as vozes.

Você também gostaria de ter uma ajuda? Quando o assunto é a fé, provavelmente sim. Você já se sentiu como se estivesse andando num caminho religioso?

A Torá nos envia a Moisés. O Alcorão nos envia a Maomé. Os budistas nos convidam à meditação; os espíritas, à levitação. As ciganas querem ler a palma da sua mão. Outra vizinha consulta os seus astros. Outra lê cartas. O agnóstico acredita que ninguém pode saber de nada.

O hedonista não se preocupa em saber. Os ateus pensam que não há nada para saber.

"Dê um passo à frente e experimente a minha bruxaria."

"Psiu! Por aqui. Está interessado em alguns canais da Nova Era?"

"Ei, você! Já tentou a Cientologia?"

O que devemos fazer? Para onde devemos ir? Meca? Salt Lake City? Roma? Terapia?

Oh, as vozes.

"Pai, ajude-me! Por favor, module alguma e afaste as outras." Se esta é a sua oração, então Lucas 9 é o seu capítulo — o dia em que Deus isolou a voz que de fato tem autoridade na história, e declarou: "... a ele ouvi".

É a primeira cena do ato final da vida terrena de Cristo. Jesus levou três seguidores a um monte para orar.

"E aconteceu que... tomou consigo a Pedro, a João e a Tiago e subiu ao monte a orar. E, estando ele orando, transfigurou-se a aparência do seu rosto, e as suas vestes ficaram brancas e mui resplandecentes" (Lc 9.28,29).

Oh, ter ouvido essa oração. Quais palavras exaltaram tanto a Cristo que o seu rosto se transfigurou? Ele viu a sua casa? Ouviu algo diretamente de seu lar?

Quando estava no segundo ano da faculdade, consegui um emprego de verão longe de casa. Longe demais. A minha coragem se derretia a cada quilômetro da viagem. Numa noite, estava com tanta saudade que pensei que os meus ossos se derreteriam. No entanto, meus pais estavam viajando, e ainda não existiam os telefones celulares. Embora soubesse que ninguém iria atender, mesmo assim telefonei para casa. Não uma vez ou duas, mas meia dúzia de vezes. O toque familiar do telefone de casa me trouxe consolo.

Talvez Jesus precisasse de consolo. Sabendo que o seu caminho para casa passaria pelo Calvário, Ele dá um telefonema. Deus atende rapidamente. "E eis que estavam falando com ele dois varões, que eram Moisés e Elias" (v. 30).

Os dois eram consoladores perfeitos. Moisés entendia de viagens difíceis. Elias estava relacionado a uma partida incomum. Então Jesus, Moisés e Elias conversam sobre a "sua morte, a qual havia de cumprir-se em Jerusalém" (v. 31).

Enquanto isso, Pedro, Tiago e João tiravam uma boa soneca.

> E Pedro e os que estavam com ele... quando despertaram, viram a sua glória e aqueles dois varões que estavam com ele. E aconteceu que, quando aqueles se apartaram dele, disse Pedro a Jesus: Mestre, bom é que nós estejamos aqui e façamos três tendas, uma para ti, uma para Moisés e uma para Elias, não sabendo o que dizia (vv. 32,33).

O que faríamos sem Pedro? O sujeito não sabe o que está falando, mas isso não o impede de falar. Ele não tem a menor idéia do que está fazendo, porém assim mesmo se oferece para fazê-lo. Esta é a sua idéia: três monumentos para os três heróis. Um grande plano? Não no livro de Deus. Mesmo enquanto Pedro está falando, Deus começa a limpar a sua garganta.

> E, dizendo ele isso, veio uma nuvem que os cobriu com a sua sombra; e, entrando eles na nuvem, temeram. E saiu da nuvem uma voz que dizia: Este é o meu Filho amado; a ele ouvi (vv. 34,35).

O erro de Pedro não foi ter falado, mas ter falado uma heresia. Três monumentos igualariam Moisés e Elias a Jesus. Ninguém está no mesmo nível de Jesus. Deus vem tão subitamente como um vento norte e deixa Pedro engasgado: "Este é o meu Filho amado". Não um "filho", como se Ele tivesse nascido como nós. Não o "melhor filho", como se Ele fosse o orador oficial da raça humana. Jesus é, de acordo com Deus, o seu Filho, o seu Escolhido, absolutamente único e sem igual.[1] Por esta razão: "... a ele ouvi!"

Nos Evangelhos Sinópticos, Deus fala somente duas vezes — no batismo e aqui, na transfiguração. Nos dois casos, Ele começa com a expressão: "Este é o meu Filho amado". Entretanto, no rio, o Senhor conclui com a afirmação: "... em quem me comprazo" (Mt 3.17). Na montanha, Ele conclui com um esclarecimento: "... a ele ouvi".

Deus não ordena: "Ouçam *eles*". Ele poderia ter feito isso. Porventura, alguma vez se reuniu um grupo mais austero? Moisés, que nos deu a lei. Elias, o profeta. Pedro, o pregador do Pentecostes. Tiago, o apóstolo. João, o escritor do Evangelho e de Apocalipse. O primeiro e o último escritor da Bíblia no mesmo lugar. (Que conferência de autores!) Deus poderia ter dito: "Estes são os meus servos que têm um valor inestimável; ouçam-nos".

Todavia, Ele não faz isso. Enquanto Moisés e Elias consolam a Cristo, Deus o coroa: "... a ele ouvi..." A voz definitiva no universo é Jesus. Ele não é uma voz entre muitas; Ele é a *única* voz que está acima de todas as outras.

Com essa afirmação as pessoas mudam. Muitas recuam diante de tal distinção. Chamam Jesus de divino, de semelhante a Deus, de inspirado por Deus. Chamam-no de "uma voz", mas não de "a voz"; outros chamam-no de "um bom homem", mas não de "o Deus-homem".

No entanto, *bom homem* é precisamente a terminologia que não podemos usar. Um bom homem não diria o que Ele disse, nem afirmaria o que Ele afirmou. Um mentiroso, sim. Ou o próprio Deus. Chame-o de qualquer coisa entre elas, e você terá um dilema. Ninguém tinha tanta certeza e conhecimento de que Jesus era igual a Deus, como o próprio Senhor Jesus.

Os seus seguidores o adoravam, e Ele não lhes dizia para parar.

Pedro, Tomé e Marta o chamaram de "o Filho de Deus", e Cristo não lhes disse que estavam errados.

No seu próprio julgamento, os seus acusadores perguntaram: "És tu o Filho de Deus?" E Ele respondeu: "Vós dizeis que eu sou" (Lc 22.70).

O seu objetivo, nas suas próprias palavras, era "dar a sua vida em resgate de muitos" (Mt 20.28).

Segundo Jesus, ninguém poderia matá-lo. Falando da sua vida, Ele disse: "... eu de mim mesmo a dou [a minha vida]; tenho poder para a dar e poder para tornar a tomá-la" (Jo 10.18).

Será que Cristo conseguiria falar com mais firmeza do que Ele fez em João 14.9? "Quem me vê a mim vê o Pai."

E haveria palavras mais blasfemas do que as de João 8.58? "Antes que Abraão existisse, eu sou". Essa afirmação enfureceu os judeus, que "... pegaram em pedras para lhe atirarem" (v. 59). Por quê? Porque somente Deus é o grande EU SOU. E dizendo-se EU SOU, Cristo estava igualando-se a Deus. "Eu sou o caminho, e a verdade, e a vida. Ninguém vem ao Pai senão por mim" (Jo 14.6).

Não se engane, Jesus sabia que era Deus, e se via como Deus. Ele nos deixa com duas opções. Aceitá-lo como Deus ou rejeitá-lo como um megalomaníaco. Não há uma terceira opção.

Contudo, tentamos criar uma. Suponhamos que eu fizesse a mesma coisa. Suponhamos que você me encontrasse parado na margem da estrada. Eu posso ir para o norte ou para o sul. Você me pergunta para onde vou. A minha resposta? "Vou para o sorte."

Pensando não ter ouvido direito, você me pede para repetir a resposta.

"Eu vou para o sorte. Eu não consigo escolher entre o sul e o norte, então eu vou para ambos. Eu vou para o *sorte*" (uma mistura de sul e norte!).

Pensando que não ouviu corretamente, você me pede para repetir a resposta.

"Vou para o *sorte*. Não posso escolher entre o sul e o norte, então irei a ambos. Irei ao *sorte*."

"Você não pode fazer isso", é a sua resposta. "Você tem de escolher."

"Ok", concordo, "vou para o *nul*" (uma mistura de norte e sul).

"*Nul* não é uma opção!", você insiste. "É sul ou norte. De um jeito ou de outro. Para a direita ou para a esquerda. Quando se trata desta estrada, você precisa escolher."

Quando se trata de Cristo, você precisa fazer a mesma coisa. Chame-o de louco ou coroe-o como um Rei. Rejeite-o como uma fraude ou declare-o como sendo Deus. Afaste-se dEle ou curve-se perante Ele, mas não brinque com Ele. Não o chame de grande homem. Não o misture com Moisés, Elias, Buda, Joseph Smith, Maomé ou Confúcio. Ele não nos deixa essa opção. Ele é Deus. Esperança ou engodo. Porém, nada entre essas opções; não há opções intermediárias.

C. S. Lewis resumiu isso de modo clássico quando escreveu:

> Um homem, que fosse um homem simples e dissesse o tipo de coisas que Jesus dizia, não seria um grande professor de moral. Ele seria um lunático — no mesmo nível do homem que diz ser um ovo quente — ou então alguém que não teria parte com Deus... Você pode expulsá-lo por pensar que Ele é tolo, pode cuspir nEle e tentar matá-lo como a alguém que não tem parte com Deus, ou pode cair aos seus pés e chamá-lo de Deus e Senhor. Mas não venhamos com nenhum absurdo condescendente sobre Ele ser um grande mestre humano. Ele não nos deixou essa possibilidade. Ele não pretendia isso.[2]

Jesus não pode ser diminuído. Além do mais, você quer que Ele o seja? Você não precisa de uma voz inconfundível no seu mundo barulhento? Claro que sim. Não passe sozinho pelo caminho. Mantenha a sua mão na mão dEle e os seus olhos fixos nEle. E quando Ele falar:

"A Ele ouvi."

19

Abandonado!

Lugares Abandonados por Deus

MATEUS 27.45,46

Abandono. Que palavra assustadora.

Nos limites da pequena cidade há uma casa muito velha. Ervas daninhas mais altas que a entrada. As venezianas das janelas e uma porta de tela batendo com o vento. No portão tem um aviso: abandonada. Ninguém quer esse lugar. Nem mesmo os pobres e os desesperados a desejam.

Uma assistente social aparece à porta de um orfanato. Na sua grande mão está a mãozinha suja de uma menina de seis anos. Enquanto os adultos conversam, os olhos arregalados da criança examinam o escritório do diretor. Ela ouve a assistente sussurrar: "Abandonada. Ela foi abandonada".

Uma mulher idosa num asilo senta-se sozinha na sua cadeira de balanço no Natal. Nenhum cartão, nenhum telefonema, nenhuma canção.

Uma jovem esposa descobre e-mails românticos enviados pelo seu marido a outra mulher.

Depois de trinta anos na fábrica, um trabalhador encontra um aviso de demissão preso no seu armário.

Abandonada pela família.

Abandonada pelo esposo.

Abandonado pelo emprego.

Entretanto, nada se compara a ser abandonado por Deus.

> E, desde a hora sexta [ao meio-dia], houve trevas sobre toda a terra, até à hora nona. E, perto da hora nona [três horas da tarde], exclamou Jesus em alta voz, dizendo: "*Eli, Eli, lemá sabactâni*", isto é, "Deus meu, Deus meu, por que me desamparaste?" (Mt 27.45,46)

Quando Jesus grita essas palavras, Ele já está pendurado na cruz há seis horas. Aproximadamente às nove daquela manhã, Ele já se encaminhava, tropeçando, para o martírio no Lugar da Caveira (Mt 27.33). Um soldado segurou o seu antebraço com o joelho e cravou um prego numa das mãos, depois na outra, e então nos dois pés. Quando os romanos ergueram a cruz, involuntariamente colocaram Cristo na posição em que Ele veio para morrer — entre os homens e Deus.

Um sacerdote no seu próprio altar.

Ruídos se mesclam na colina: fariseus zombando, espadas ressoando e homens moribundos gemendo. Jesus raramente fala. Quando Ele o faz, é como se diamantes brilhassem num fundo de veludo. Ele dá perdão aos seus assassinos e um filho à sua mãe. Ele atende o pedido de um ladrão e pede água a um soldado.

Então, ao meio-dia, a escuridão cai como uma cortina: "E, desde a hora sexta, houve trevas sobre toda a terra, até à hora nona" (v. 45).

Esta foi uma escuridão sobrenatural. Não um agrupamento casual de nuvens ou um breve eclipse do sol. Foi um cobertor de escuridão durante três horas. Os comerciantes de Jerusalém acenderam velas. Os soldados acenderam tochas. Os pais se preocuparam. As pessoas de todas as partes faziam perguntas. De onde veio essa noite em pleno dia? De um lugar distante como o Egito, o historiador Dionísio percebeu o céu escuro e escreveu: "Ou o Deus da natureza está sofrendo, ou a máquina do mundo está caindo em ruínas".[1]

Claro que o céu está escuro; estão assassinando a Luz do mundo.

O universo chora. Deus disse que seria assim. "E sucederá que, naquele dia... farei que o sol se ponha ao meio-dia e a terra se entenebreça em dia de luz... e farei que isso seja como luto de filho único e o seu fim como dia de amarguras" (Am 8.9,10).

O céu chora. E um cordeiro bale. Lembra-se da hora do grito? "E, perto da hora nona [três horas da tarde], exclamou Jesus em alta voz". Três horas da tarde, o horário do sacrifício no Templo. A menos de dois quilômetros a leste, um sacerdote vestido elegantemente leva um cordeiro para a morte, sem saber que o seu trabalho é inútil. O céu não está olhando para o cordeiro do homem, mas para o "Cordeiro de Deus, que tira o pecado do mundo" (Jo 1.29).

Um céu que chora. Um cordeiro que bale. Mas, acima de tudo, um Salvador que grita. "Exclamou Jesus em alta voz" (Mt 27.46). Observe as palavras firmes. Outros escritores usaram uma palavra grega para "alta voz", que descreve um "rugido".[2] Os soldados não estão esticando as orelhas nem pedindo que Ele fale mais alto. O cordeiro ruge. "O sol e a lua se enegrecerão... E o Senhor bramará de Sião e dará a sua voz de Jerusalém" (Jl 3.15,16).

Cristo ergue a sua cabeça pesada e os seus olhos em direção aos céus e gasta a sua energia final inserindo nas estrelas um grito: "Eli, Eli, lemá sabactâni", que significa "Deus meu, Deus meu, por que me desamparaste?" (Mt 27.46).

Poderíamos perguntar a mesma coisa. Por que Ele? Por que abandonar o seu Filho? Abandone os assassinos. Deixe os malfeitores. Dê as costas aos perversos e aos que trazem dor. Abandone-os, não Ele. Por que abandonar a única alma sem pecado da terra?

Ah, essa palavra terrível. *Abandonar*. A casa que ninguém quer. A criança que ninguém reivindica. A mãe de que ninguém se lembra. O Salvador que ninguém entende. Ele perfura a escuridão com a pergunta mais solitária do céu: "Deus meu, Deus meu, por que me desamparaste?"

Paulo usa a mesma palavra grega quando insiste com Timóteo: "Procura vir ter comigo depressa. Porque Demas me *desamparou*, amando o presente século, e foi para Tessalônica" (2 Tm 4.9,10, ênfase do autor).

Quando Paulo procura por Demas, ele o encontra? Não. Abandonado.

Quando Jesus procura por Deus, Ele o encontra? Não. Abandonado.

Espere um pouco. Davi não nos diz: "Nunca vi desamparado o justo" (Sl 37.25)? Será que Davi não falou corretamente? Será que Jesus deu algum passo errado? Nada disso. Nesta hora, Jesus é tudo menos justo. Contudo, os erros pelos quais estava sofrendo não eram dEle. Cristo levou "em seu corpo os nossos pecados sobre o madeiro, para que, mortos para os pecados, pudéssemos viver para a justiça" (1 Pe 2.24).

Cristo levou em seu corpo os nossos pecados...

Posso ser mais específico um momento? Posso falar sobre o pecado? Será que devo recordar a mim e a você que o nosso passado está enfeitado com explosões de ira, manchado com noites de paixões profanas e contaminado com incansável cobiça?

Imagine que o seu passado se tornasse público? Suponha que você tivesse de ficar num palco enquanto um filme de todos os segundos secretos e egoístas da sua vida fossem projetados numa tela atrás de você?

Você não rastejaria para debaixo do tapete? Não gritaria para que os céus tivessem misericórdia? E você não sentiria uma fração... apenas uma fração do que Cristo sentiu na cruz? A gélida insatisfação de um Deus que detesta o pecado?

Passei por algo parecido com o meu próprio pai, quando tinha dezesseis anos. Éramos próximos, grandes amigos. Nunca temi a sua violência nem a sua ausência. Quase no topo da minha lista de bênçãos está o nome Jack Lucado. Quase no topo da lista dos meus dias mais difíceis está o dia em que o desapontei.

Papai tinha uma regra inflexível. Nada de álcool. Ele tinha visto o álcool desmantelar a vida de muitos dos seus irmãos. Se mantivesse uma postura firme contra o álcool, isso não aconteceria com a sua família. Estávamos proibidos de ingerir bebidas alcoólicas.

E o que você acha? Decidi que era mais esperto que ele. Uma festa de fim de semana deixou-me cambaleando quando fui ao banheiro, à meia-noite, para vomitar uma barriga cheia de cerveja. Papai apareceu na porta — tão zangado —, atirou-me um pano e se retirou.

Na manhã seguinte acordei com dor de cabeça e a horrível certeza de que havia magoado o coração do meu pai. Fui à cozinha (até hoje consigo ver a cena, lembrando-me de cada passo) e o vi sentado à mesa. O jornal estava aberto, mas ele não estava lendo. A xícara de café estava cheia, mas ele não estava bebendo. Ele olhou-me, os olhos arregalados de dor, os lábios curvados em descrença. Mais do que em qualquer outra ocasião na minha vida, senti a insatisfação de um pai que me amava.

Senti-me arruinado. Como poderia sobreviver ao desgosto do meu pai?

Jesus, suportando um milhão de vezes mais, talvez tenha sentido o mesmo.

Cristo levou em seu corpo os nossos pecados...

Você está vendo Cristo na cruz? Ali está um fofoqueiro. Está vendo Jesus? Um fraudador. Um mentiroso. Um beato. Você está vendo o carpinteiro crucificado? Ele espanca mulheres. É viciado em pornografia e é um assassino. Você está vendo o menino de Belém? Pode chamá-lo por outros nomes — Adolf Hitler, Osama bin Laden e Jeffrey Dahmer.

Espere um pouco, Max. Não misture Cristo com esses malfeitores. Não coloque o nome dEle na mesma frase que os deles!

Eu não fiz isso. *Ele* o fez. Na verdade, Jesus fez mais do que isso. Mais do que colocar o seu nome na mesma frase, Ele se colocou no lugar deles. E também no seu lugar, prezado leitor.

Com as mãos abertas e pregadas, Cristo convidou a Deus: "Trate-me como você os trataria!" E Deus o fez. Num ato que partiu o coração do Pai, ainda assim honrou a santidade do céu e o julgamento purificador dos pecados jorrou sobre o Filho Eterno, que jamais pecou.

E o céu deu à terra o seu melhor presente. O Cordeiro de Deus, que tira os pecados do mundo.

"Deus meu, Deus meu, por que me desamparaste?" Por que Cristo gritou tais palavras?

Para que você nunca tenha de fazê-lo.

20

O Golpe de Misericórdia de Cristo

Lugares Determinados por Deus

LUCAS 22.37

Um homem está no carro com o seu cachorro. O cachorro uiva como se fosse noite de lua cheia. O homem suplica e promete uma boa quantidade diária de biscoitos caninos, se ele parar de uivar. Afinal, estamos no lava a jato.

Ele — ou melhor, eu — não tinha imaginado que o lava a jato poderia amedrontar a minha cadela. Mas aconteceu. Colocando-me no seu lugar, posso entender o porquê. Uma máquina grande e barulhenta jorra água na nossa janela e bate nas portas com suas escovas. *Estamos sendo atacados!*

"Não tenha medo. Lavar o carro foi idéia minha. Eu já fiz isso antes. É para o nosso próprio bem." Você já tentou explicar o que é um lava a jato a um cão? O dicionário canino não inclui as palavras *escova* nem *trabalho detalhado*. Minhas palavras caíram em suas orelhas caídas. Nada ajudou. Ela apenas fez o que os cachorros fazem: reclamou.

Na verdade, ela fez o que *nós* fazemos. Nós não reclamamos? Talvez não no lava a jato, mas quando estamos no hospital ou quando perdemos o emprego. Deixe a economia ir para o sul ou as crianças para o norte, e reclamaremos bastante. E quando o nosso Mestre explica o que está acontecendo, reagimos como se Ele estivesse falando alguma língua africana. Não entendemos nenhuma palavra do que Ele diz.

O seu mundo está "chuvoso e selvagem"?

As maiores bênçãos de Deus freqüentemente vêm disfarçadas como desastres. Os que duvidam não precisam fazer nada além de subir a colina do Calvário.

Naquela sexta-feira, a opinião coletiva em Jerusalém era esta: Jesus está acabado. Que outra conclusão faria sentido? Os líderes religiosos o entregaram. Roma se recusara a libertá-lo. Os seus seguidores perderam o ânimo e se dispersaram. Ele foi pregado na cruz e deixado ali para morrer, o que realmente aconteceu. Eles silenciaram os seus lábios, lacraram o seu túmulo e, como qualquer sacerdote digno de um filactério poderia lhe dizer, Jesus agora é apenas parte da história. Três anos de poder e promessas estão se decompondo num túmulo emprestado. Procure algum raio de esperança no céu da crucificação e você não o encontrará.

Essa era a visão dos discípulos, a opinião dos amigos e o panorama dos inimigos. Vamos chamar isso de "visão do cachorro no banco do passageiro".

O Mestre, que se senta ao volante, pensa de outra maneira. Deus não está surpreso. O seu plano está correndo de acordo com o cronograma. Mesmo — e *especialmente* — na morte, Cristo ainda é o Rei, reinando sobre a sua própria crucificação.

Você quer uma prova?

Durante as suas últimas vinte e quatro horas na Terra, qual foi a palavra que Jesus mais pronunciou? Procure nestes versículos uma frase ou expressão repetida:

- "O Filho do Homem vai [morrer], como acerca dele está escrito [ou como dizem as Escrituras Sagradas]" (Mt 26.24).
- "Então, Jesus lhes disse: Todos vós esta noite vos escandalizareis em mim, porque está escrito: Ferirei o pastor, e as ovelhas do rebanho se dispersarão" (Mt 26.31).
- Ele poderia ter chamado milhares de anjos para ajudá-lo, mas não o fez, pela seguinte razão: "Como, pois, se cumpririam as Escrituras, que dizem que assim convém que aconteça?" (Mt 26.54)
- Em vez de culpar os soldados que o prenderam, Ele explicou que eles eram atores num drama que não tinham escrito: "Mas tudo isso aconteceu para que se cumpram as Escrituras dos profetas" (Mt 26.56).
- "Para que se cumpra a Escritura: O que come o pão comigo levantou contra mim o seu calcanhar" (Jo 13.18).
- Ao seu Pai celestial Ele orou: "Tenho guardado aqueles que tu me deste, e nenhum deles se perdeu, senão o filho da perdição, para que a Escritura se cumprisse" (Jo 17.12).

- Ele lhes disse: "Importa que em mim se cumpra aquilo que está escrito: E com os malfeitores foi contado. Porque o que está escrito de mim terá cumprimento" (Lc 22.37).

Você percebeu? *Escritura*, *amor*, *sacrifício* e *devoção* são as palavras que estaríamos esperando. Todavia, *Escritura* encabeça a lista e revela a seguinte verdade: Jesus orquestrou os seus dias finais para cumprir as profecias do Antigo Testamento. Como se estivesse seguindo uma lista mental, Cristo cumpriu todas as coisas, uma a uma.

Por que as Escrituras eram importantes para Cristo? E por que é importante para nós que elas fossem importantes para Ele? Porque ele ama os Tomés que estão entre nós. Enquanto outros se ajoelham e adoram, você coça o queixo e imagina se poderia ter alguma prova. "Como posso saber se a morte de Cristo é alguma coisa mais do que a morte de um homem?"

Comece pelas profecias cumpridas. Mais profecias do Antigo Testamento se cumpriram durante a crucificação do que em qualquer outro dia. Vinte e nove diferentes profecias, das quais a mais recente tinha aproximadamente quinhentos anos de idade, se cumpriram no dia da morte de Cristo.

Qual é a probabilidade de acontecer algo assim? A resposta confunde os estatísticos. O matemático Peter Stoner estima a probabilidade de apenas oito profecias serem cumpridas ao longo da vida de uma pessoa:

> Cubra todo o Estado do Texas com uma camada de sessenta centímetros de altura de moedas de prata de um dólar. Numa delas, faça uma marca. Qual é a probabilidade de que uma pessoa, na primeira tentativa, encontre o dólar marcado? É a mesma probabilidade de que oito profecias messiânicas pudessem se cumprir durante a vida de um homem.[1]

No entanto, Cristo cumpriu vinte e nove num único dia! Você quer alguns exemplos?

> Mas ele foi ferido pelas nossas transgressões e moído pelas nossas iniqüidades; o castigo que nos traz a paz estava sobre ele, e, pelas suas pisaduras, fomos sarados (Is 53.5).

> Pois me rodearam cães; o ajuntamento de malfeitores me cercou; traspassaram-me as mãos e os pés (Sl 22.16).

> Repartem entre si as minhas vestes e lançam sortes sobre a minha túnica (Sl 22.18).
> E sucederá que, naquele dia, diz o Senhor, farei que o sol se ponha ao meio-dia e a terra se entenebreça em dia de luz (Am 8.9).[2]

Não diga que Jesus foi uma vítima das circunstâncias. Diga que Ele orquestrou as circunstâncias! Ele planejou a ação dos seus inimigos para cumprir as profecias e deu ordens aos seus inimigos para declarar a verdade.

Cristo falou pouco ou quase nada naquela sexta-feira. Ele não precisava. Os seus acusadores atuaram com precisão, cena após cena. Lembra-se da placa pregada na cruz?

> E Pilatos escreveu também um título e pô-lo em cima da cruz; e nele estava escrito: JESUS NAZARENO, REI DOS JUDEUS. E muitos dos judeus leram este título, porque o lugar onde Jesus estava crucificado era próximo da cidade; e estava escrito em hebraico, grego e latim (Jo 19.19,20).

A verdade em três idiomas. Obrigado, Pilatos, por iniciar a primeira campanha de anúncios na cruz e por apresentar Jesus como o Rei dos Judeus.

E agradecemos também aos fariseus pelo sermão:

> Salvou os outros e a si mesmo não pode salvar-se (Mt 27.42).

Será que as palavras poderiam ser ainda mais centradas na morte? Jesus não poderia, ao mesmo tempo, salvar os outros e salvar a si mesmo. Então, Ele salvou os outros.

O prêmio do porta-voz mais improvável vai para o sumo sacerdote. Caifás disse: "... nos convém que um homem morra pelo povo e que não pereça toda a nação" (Jo 11.50).

Caifás acreditava? Certamente, entendo que sim. Na verdade, *era* melhor que Cristo morresse do que todos nós perecêssemos. O céu não discute com Caifás. Você pode até pensar que o céu o levou a dizer o que disse. Se isso é o que pensa, você está certo.

> Ora, ele não disse isso de si mesmo, mas, sendo o sumo sacerdote naquele ano, profetizou que Jesus devia morrer pela nação. E não

> somente pela nação [dos judeus], mas também para reunir em um corpo os filhos de Deus que andavam dispersos (vv. 51,52).

O que está acontecendo? Caifás pregando a Cristo? Os fariseus explicando a cruz? Pilatos pintando grandes quadros evangelísticos? O triunfo, muitas vezes, emerge da tragédia.

Essa reviravolta nos acontecimentos me lembra da mula que caiu em um poço. Os aldeãos compararam o esforço do resgate com o valor do animal e decidiram enterrá-lo. Eles começaram a jogar pás de terra. Porém, a mula tinha outros planos. Quando a terra atingia as suas costas, ela se sacudia e a jogava para baixo. Assim, cada pá de terra a colocava em uma posição mais elevada. Ela chegou ao topo do poço e saiu andando. O que os seus supostos assassinos pensaram que iria enterrá-la, na verdade a salvou.

Os homens que assassinaram Jesus fizeram a mesma coisa. Os seus atos elevaram a Jesus. Todos — o bom e o mau, o decente e o malvado — trabalharam juntos a favor do *golpe de misericórdia* de Cristo.

Deveríamos ficar surpresos? Jesus não tinha prometido que isso aconteceria? "Sabemos que todas as coisas contribuem juntamente para o bem daqueles que amam a Deus" (Rm 8.28).

Todas as coisas? Todas as coisas. Discípulos covardes. Um Judas traidor. Um lado perfurado. Fariseus sem moral. Um sumo sacerdote desumano. Deus trabalhou de todas as maneiras. Eu o desafio a encontrar um elemento na cruz que Ele não tenha transformado para o bem ou reciclado para simbolismo. Tente. Acho que você vai descobrir o que eu descobri — que cada detalhe escuro foi na verdade um momento de ouro para a causa de Cristo.

Ele não pode fazer a mesma coisa por você? Não pode transformar a sua sexta-feira num domingo?

Alguns de vocês duvidam. Como Deus pode usar o câncer, ou a morte, ou a angústia? É simples.

Ele é mais talentoso, inteligente e sábio do que nós. Ele é para você o que eu era para a pequena Amy, quando ela tinha apenas quatro anos. Eu a conheci numa livraria. Amy perguntou-me se eu daria um autógrafo no seu caderno. Perguntei o seu nome, e ela assistiu enquanto comecei a escrever: "Para Amy...

Ela me interrompeu. Com os olhos arregalados e o queixo caído, perguntou: "Como você sabia soletrar o meu nome?"

Ela estava admirada. Você não está, pois sabe a diferença entre o conhecimento de uma criança e o de um adulto. Você consegue imaginar a diferença entre a sabedoria de um humano e a sabedoria de Deus? O que é impossível para nós, para Ele é tão simples quanto soletrar o nome "Amy". "Porque, assim como os céus são mais altos do que a terra, assim são os meus caminhos mais altos do que os vossos caminhos, e os meus pensamentos, mais altos do que os vossos pensamentos" (Is 55.9).

Eu continuo levando Molly ao lava a jato. Ela está uivando menos. Não acho que Molly entenda o maquinário. Ela simplesmente está aprendendo a confiar em seu mestre.

Talvez ainda venhamos a aprender o mesmo.

21

A Incrível Reivindicação de Cristo

Lugares Incríveis

MATEUS 28.1-10

Qual foi o anúncio mais incrível (e até mesmo aparentemente louco) que você já ouviu? Eu pergunto porque estou prestes a ouvir um. A qualquer momento, um agente de companhia aérea irá pegar o seu microfone e... espere um pouco... ele vai falar. Eu consigo vê-lo. O sujeito parece normal. Age normalmente. Parece o tipo de sujeito que joga boliche e que ama os filhos. Mas o que ele está prestes a dizer o qualifica para uma noite grátis numa cela de loucos violentos. "Senhoras e senhores, o avião está pronto. O vôo 806 para Chicago vai sair agora. Por favor, estamos chamando para o embarque..."

Pense no que ele acaba de dizer. Está nos convidando a subir a um avião do tamanho de um rancho moderno, e ficar a uns onze metros de altura e ser arremessados no ar numa velocidade três vezes maior que a do carro de corrida NASCAR mais veloz da história.

Você acredita que ele está nos pedindo para fazer isso? Claro que sim. E se você nunca tivesse ouvido um convite assim? Não estaria assombrado? Não estaria se sentindo como a mulher que ouviu esse anúncio três dias após a morte de Cristo na cruz? "Ele não está aqui, porque já ressuscitou, como tinha dito" (Mt 28.6).

O que aconteceu foi o seguinte:

> E, no fim do sábado, quando já despontava o primeiro dia da semana, Maria Madalena e a outra Maria foram ver o sepulcro. E eis que houvera um grande terremoto, porque um anjo do Senhor, descendo do céu, chegou, removendo a pedra, e sentou-se sobre ela. E o seu aspecto era como um relâmpago, e a sua veste branca como a neve. E os guardas, com medo dele, ficaram muito assombrados e como mortos (Mt 28.1-4).

Como as coisas mudaram desde a sexta-feira. A crucificação foi marcada pela escuridão repentina, pelos anjos em silêncio e os soldados que caçoavam. No túmulo vazio os soldados estão dormindo, um anjo fala e a luz irrompe como o Vesúvio (vulcão da Itália). Diz-se que aquele que estava morto está vivo, e os soldados, que estão vivos, parecem mortos. A mulher percebe que alguma coisa está acontecendo. O que eles não sabem é que Alguém está acontecendo. Então o anjo lhes informa: "Não tenhais medo; pois eu sei que buscai a Jesus, que foi crucificado. Ele não está aqui, porque já ressuscitou, como tinha dito. Vinde e vede o lugar onde o Senhor jazia" (vv. 5,6).

Palavras assim mexem com você. Elas fazem com que você ou deixe o aeroporto, ou entre no avião. Se as palavras forem falsas, o corpo de Jesus estaria como o de John Brown; um monte de pó num túmulo emprestado. Se forem falsas, então não há nada de novo. Um túmulo ocupado no domingo tira o que há de bom na sexta-feira.

Entretanto, se elas foram verdadeiras — se a rocha foi removida e o Senhor está vivo —, então pegue o violão e calce os seus sapatos de festas de casamanto. O céu desligou a energia do túmulo e não há nada a temer. A morte está desativada. Suba a bordo e deixe que um piloto que você nunca viu antes e uma força que você não entende o levem para casa.

Podemos confiar na proclamação? O convite do anjo é: "Vinde e vede..."

O túmulo vazio nunca resiste à investigação honesta. Uma lobotomia não é um pré-requisito do discipulado. Seguir a Cristo exige fé, mas não uma fé cega. "Vinde e vede", diz o anjo. Vamos?

Dê uma olhada no túmulo vazio. Você sabia que os oponentes de Cristo nunca discutiram nem desafiaram o fato de o túmulo estar vazio? Nenhum fariseu ou soldado romano levou um exército de volta ao túmulo e declarou: "O anjo estava enganado. O corpo está aqui. Foi apenas um rumor".

Eles o fariam, se pudessem. Dentro de algumas semanas os discípulos ocupavam cada esquina de Jerusalém, anunciando um Cristo ressurreto. Havia maneira mais rápida, para os inimigos da igreja, de calar os discípulos do que produzir um corpo frio e sem vida? Se mostrassem o cadáver, o cristianismo teria nascido morto. Porém, eles não tinham um cadáver para mostrar.

Isto ajuda a explicar o despertamento ocorrido em Jerusalém. Quando os apóstolos falaram do túmulo vazio, o povo esperou dos fariseus uma resposta. Contudo, eles não tinham nada a declarar. Como A. M. Fairbairn disse, há muito tempo: "O silêncio dos judeus é tão eloqüente quanto o discurso dos cristãos!"[1]

Falando dos cristãos, lembra-se do medo dos seguidores na crucificação? Eles fugiram. Amedrontados como gatos no meio de cães. Pedro negou a Cristo junto ao fogo. Os discípulos que iam para Emaús lamentavam a morte de Cristo no caminho. Depois da crucificação, os discípulos de Jesus estavam reunidos de portas trancadas, com medo dos líderes judeus (Jo 20.19).

Eles estavam com tanto medo que poderíamos chamar o cenáculo de galinheiro.

Mas avancemos quarenta dias. Traidores falidos cooperaram com o poder transformador de vidas. Pedro está pregando no mesmo lugar onde Cristo foi preso. Seguidores de Cristo desafiam os inimigos de Cristo. Chicoteie-os, e eles ainda permanecerão em adoração. Trancafie-os, e eles iniciarão um ministério na prisão. Tão ousados depois da ressurreição, quanto tinham sido covardes antes dela.

Explicação:

Ambição? Eles não ganhavam nada.

Poder? Eles davam todo o crédito a Cristo.

Popularidade? Muitos deles morreram pela sua fé.

Só resta uma explicação — um Cristo ressurreto e o seu Espírito Santo. A coragem desses homens e mulheres foi forjada no fogo do túmulo vazio. Os discípulos não sonhavam com uma ressurreição. A ressurreição os inflamou. Você tem dúvidas sobre o túmulo vazio? Venha ver os discípulos.

Enquanto você está procurando, analise as alternativas. Se Cristo não ressuscitou, se o seu corpo está se decompondo em pó, o que sobra para você?

Que tal o misticismo oriental? Vamos viajar no tempo e ao redor do mundo para a Índia. Estamos no ano 490 a.C., e Buda quer nos ver. Aqui está a nossa pergunta: "Você consegue vencer a morte?" Ele nunca abre os olhos, apenas move a cabeça. "Você está desiludido, meu filho. Procure esclarecimento."

É o que vamos fazer. Graças a uma imaginação vigorosa, vamos à Grécia para encontrar o pai da lógica, Sócrates. Ele nos oferece um gole de cicuta, mas não aceitamos, explicando que só temos duas perguntas: "Você tem poder sobre o túmulo? Você é o filho de Zeus?" Ele coça a sua cabeça careca e nos chama de *raca* (cérebro de peru, em grego).

Destemidos, avançamos mil anos e encontramos a antiga aldeia de Meca. Um Maomé barbado senta-se no meio dos seguidores. Do fundo da multidão gritamos: "Estamos procurando o Alá encarnado. É você?"

Ele se levanta, rasga o seu manto e exige que sejamos banidos por tal heresia.

No entanto, escapamos. Voltamos no tempo, para Jerusalém. Subimos as escadas de uma casa simples onde o Rei dos judeus está falando. A sala está cheia de discípulos ansiosos. Enquanto procuramos um assento, olhamos para a face radiante do Cristo ressuscitado. O amor nos seus olhos é tão real quanto os ferimentos no seu corpo.

Se lhe fizermos a pergunta: "Você ressuscitou dos mortos? Você é o Filho de Deus?", sabemos a resposta que Ele nos dará.

Jesus poderia personalizar as palavras que Ele nos deu através do anjo: "Eu ressuscitei, como tinha dito. Vinde e vede o lugar onde o meu corpo jazia".

Que afirmação! Como os passageiros no aeroporto, prestes a embarcarem num avião, podemos escolher como reagir. Embarcar e confiar no piloto, ou tentar ir para casa por nossa conta.

Eu sei qual é a minha escolha.

Conclusão

Ainda bem perto de Nós

Como um resultado do dia 11 de setembro de 2001, um grupo de líderes religiosos foi convidado pela Casa Branca para ir a Washington e orar com o presidente. Como o meu nome entrou naquela lista, ninguém sabe. Mas estava feliz por comparecer. Cerca de trinta de nós estávamos sentados numa sala.

O grupo estava vestido com mantos e era bem conhecido. Vários cardeais católicos. O presidente da Igreja Mórmon. Renomados oradores judeus e muçulmanos. Um grupo eclesiástico bastante eclético.

Você pode estar pensando se me senti um tanto deslocado. Não liderava nenhuma congregação. Apenas uso um manto quando saio do chuveiro. Ninguém me chama de "O Justo Reverendo Lucado" (embora Denalyn me prometa que irá fazê-lo. Uma vez. Algum dia. Antes da minha morte).

Se me senti um peixe de água doce num mundo de baleias? Dificilmente. Eu era especial entre eles. E quando chegou a minha vez de conhecer George W. Bush, tive de explicar algo. Depois de me apresentar, acrescentei: "E, senhor Presidente, fui criado em Andrews, no Texas". Para aqueles cuja assinatura da *Geográfica Universal* expirou, Andrews está a apenas meia hora de carro de Midland, a terra natal do presidente. Ao saber que éramos vizinhos, ele ajeitou as calças, deu aquele sorriso meio torto e deixou o seu sotaque arrastar-se levemente: "Ora, eu conheço a sua cidade. Já andei por aquelas ruas. Eu até joguei no seu campo de golfe".

Então cresci um pouquinho. É bom saber que um dos homens mais importantes do mundo tinha andado pelas minhas ruas.

É muito mais agradável saber a mesma coisa a respeito de Deus.

Sim, Ele está no céu. Sim, Ele rege o universo. Mas, sim, Ele andou pelas suas ruas. Ele ainda é o Salvador que está bem ao nosso lado. Perto o suficiente para ser tocado. Forte o suficiente para confiarmos. Paulo une essas verdades numa promessa: "É Cristo quem morreu ou, antes, quem ressuscitou dentre os mortos, o qual está à direita de Deus, e também intercede por nós" (Rm 8.34).

Você enxerga a divindade dEle? Jesus está "à direita de Deus".

"Direita de Deus" é a mais alta honra. Jesus está acima de todos os poderes? Pode apostar que sim:

> Deus colocou-o "*acima* de todo principado, e poder, e potestade, e domínio, e de todo nome que se nomeia, não só neste século, mas também no vindouro. E sujeitou todas as coisas a seus pés e, sobre todas as coisas, o constituiu como cabeça da igreja, que é o seu corpo, a plenitude daquele que cumpre tudo em todos (Ef 1.21-23, ênfase do autor).

Cristo está comandando o show. Agora mesmo. Uma folha acaba de cair de uma árvore nos Alpes. Cristo fez com que ela caísse. Um recém-nascido na Índia respirou pela primeira vez. Jesus mediu a respiração. A migração dos golfinhos nos oceanos? Cristo determina o seu itinerário. Ele é...

> ... imagem do Deus invisível, o primogênito de toda a criação; porque nele foram criadas todas as coisas que há nos céus e na terra, visíveis e invisíveis, sejam tronos, sejam dominações, sejam principados, sejam potestades; tudo foi criado por ele e para ele (Cl 1.15,16).

Que lista fenomenal! Céus e terra. Visíveis e invisíveis. Tronos, dominações, principados e potestades. Não se omite nada, nenhum lugar, ninguém. Os espinhos do ouriço-do-mar. O pêlo do cachorro. O furacão que arrasa a costa, a chuva que alimenta o deserto, o primeiro bater do coração de um bebê, o último suspiro de um idoso — tudo tem a sua origem na mão de Cristo, o primogênito de toda a criação.

Primogênito no vocabulário de Paulo não tem nada que ver com a ordem do nascimento. *Primogênito* se refere à hierarquia. Conforme a tradução NTLH: "Ele é superior a todas as coisas criadas" (Cl 1.15) Todas as coisas? Encontre uma exceção. A sogra de Pedro está com febre; Jesus repreende a febre. Um imposto deve ser pago; Jesus o paga com uma moeda encontrada na boca de um peixe. Quando mais de cinco mil estômagos rugem de fome, Jesus transforma a cesta de um rapaz num banquete sem fim. Jesus transborda autoridade. Ele pisca, e a natureza salta. Ninguém discute quando, no final de sua vida na terra, o Deus-homem declara: "É-me dado todo o poder no céu e na terra" (Mt 28.18).

> Das recâmaras do sul sai o pé de vento...
> [Deus] esparge a nuvem da sua luz.
> Então, ela, segundo o seu prudente conselho,
> se espalha em roda,
> para que faça tudo quanto lhe ordena
> sobre a superfície do mundo habitável;
> seja para correção...
> ou para beneficência, que a faça vir...
> Atende e considera as maravilhas de Deus.
>
> (Jó 37.9,11-14)

Atende e considera, verdadeiramente.

- O telescópio espacial Hubble envia imagens infravermelhas de galáxias tênues que talvez estejam a doze bilhões de anos-luz de distância (doze bilhões vezes seis trilhões de milhas).[1]

- Os astrônomos arriscam uma frágil estimativa de que o número de estrelas do universo seja igual ao número de grãos de areia de todas as praias do mundo.[2] A estrela Eta Carinae é mais brilhante que o nosso sol, na mesma proporção em que o Yankee Stadium brilha mais que um isqueiro. Cinco milhões de vezes mais brilhante![3]

- A estrela Betelgeuse tem um diâmetro de 160 milhões de quilômetros; este número é maior que a órbita da Terra ao redor do sol.[4]

Por que a imensidão? Por que tanto espaço vasto, ilimitado, inexplorado, "não usado"? Para que você e eu, atordoados, possamos ser agitados por essa resolução: "Posso todas as coisas naquele que me fortalece" (Fp 4.13).

O Cristo das galáxias é o Cristo das suas segundas-feiras. O Criador das estrelas cuida da sua programação de viagem. Relaxe. Você tem um amigo nos lugares mais elevados. Será que o filho de Arnold Schwarzenegger se preocupa com as tampas apertadas dos vidros de picles? Será que o filho do fundador da Nike, Phil Knight, se preocupa com um cordão de tênis arrebentado? Se a filha de Bill Gates não consegue ligar o seu computador, ela entra em pânico?

Não. E nem você deveria. O Comandante supremo do universo sabe o seu nome. Ele andou pelas suas ruas.

Mesmo no céu, Cristo continua sendo o Salvador que está bem ao nosso lado. Mesmo no céu, Ele ainda é "Cristo Jesus... que morreu".

Espere um pouco, Max. Você está dizendo que Jesus apareceu em um corpo que tinha características de um corpo carnal? Que os anjos adoram aquEle que os galileus tocaram? Sim, realmente. Jesus apareceu aos seus seguidores num corpo de carne e osso: "Vede as minhas mãos e os meus pés, que sou eu mesmo; tocai-me e vede, pois um espírito não tem carne nem ossos, como vedes que eu tenho" (Lc 24.39). O seu corpo ressuscitado era um corpo real, suficientemente real para caminhar na estrada de Emaús, para ser confundido com um jardineiro, para comer peixe no café da manhã.

Ao mesmo tempo, o corpo real de Jesus estava *realmente* diferente. Os discípulos de Emaús não o reconheceram, e as paredes não o detinham. Marcos tentou descrever a nova aparência, dizendo que Jesus "manifestou-se em outra forma" (Mc 16.12). Embora seu corpo fosse o mesmo, estava melhor; estava glorificado. Era um corpo celestial.

Eu não encontro uma passagem que diga que Ele o abandonou. Ele ascendeu nEle. "Quando dizia isto, vendo-o eles, foi elevado às alturas, e uma nuvem o recebeu, ocultando-o a seus olhos" (At 1.9). Cristo retornará neste corpo. Os anjos disseram aos discípulos: "Esse Jesus, que dentre vós foi recebido em cima no céu, há de vir assim como para o céu o vistes ir" (At 1.11).

O Deus-homem ainda é detentor de todo o poder. As mãos que abençoaram o pão do garoto agora abençoam as orações de milhões. E a boca que dá ordens aos anjos é a boca que beijava as crianças.

Você sabe o que isso quer dizer? A maior força do universo o compreende e intercede por você. "Temos um Advogado para com o Pai, Jesus Cristo, o Justo" (1 Jo 2.1).

John Clarke dedicou muitos anos à tradução da Bíblia no Congo Belga. Ele teve dificuldade para traduzir a palavra *advogado*. Por dois anos ele procurou uma tradução adequada. A sua busca terminou no dia em que visitou o rei do povo Mulongo. Durante o tempo em que esteve com o rei, apareceu um ajudante, recebeu as suas instruções e saiu. O rei disse a Clarke que o ajudante era o seu Nsenga Mukwashi, o que não era um nome, mas sim um título.

O rei explicou que o servo representava o povo perante o rei. Clarke imediatamente pediu permissão para observar o trabalho daquele homem. Foi até os subúrbios da aldeia onde o encontrou falando com três mulheres. O marido de uma delas tinha morrido, e ela estava sendo expulsa da sua tenda. Precisava de ajuda.

"Vou levar você até o rei", o Nsenga Mukwashi disse à mulher.

"Não faça isso", ela objetou. "Sou velha e tímida, e ficaria muda na presença dele."

"Não será necessário que você fale", ele assegurou. "Eu falarei por você."

E ele assim o fez. Sucinto, breve e apaixonado. Clarke notou o lampejo de ira nos olhos do rei. O soberano ordenou à sua corte que cuidasse da viúva e que agarrasse os culpados. A viúva encontrou justiça e Clarke encontrou a sua palavra — *Nsenga Mukwashi.*[6]

Você também tem um advogado junto ao Pai. Quando estiver fraco, lembre-se de que Ele é forte. Quando se mostrar tímido, Ele falará por você. O Salvador que está bem ao seu lado é o seu Nsenga Mukwashi.

> Porque não temos um sumo sacerdote que não possa compadecer-se das nossas fraquezas; porém um que, como nós, em tudo foi tentado, mas sem pecado. Cheguemos, pois, com confiança ao trono da graça, para que possamos alcançar misericórdia e achar graça, a fim de sermos ajudados em tempo oportuno (Hb 4.15,16).

O meu exemplo com o presidente não é o bastante. Posso telefonar para ele? Mesmo que tivesse o número, ele estaria muito ocupado. Mas será que posso chamar Deus? A qualquer hora. Ele nunca está demasiadamente ocupado para mim — ou para você. Dotado de uma atenção incessante e de uma devoção infinita, Ele ouve. O fato de nós não conseguirmos imaginar como Deus consegue ouvir milhões de pedidos como se fossem únicos, não significa que Ele não possa atendê-los ou que não os ouça. Porque o Senhor ouve a cada um e pode atender a cada um.

E dentre os pedidos que Ele ouve e aos quais presta atenção, está o seu. Porque mesmo estando no céu, Deus nunca se afasta de nós.

NOTAS

Capítulo 2: *A Canção Tema de Cristo*

[1] Jeordan Legon, "From Science and Computers, a New Face of Jesus", 25 de dezembro de 2002. Extraído de www.cnn.com/2002/TECH/science/12/25/face.jesus.

[2] Dean Farrar, *The Life of Christ* (Londres, Inglaterra: Cassel & Company, Ltd., n.d.), 84.

Capítulo 3: *O Amigo dos Fracassados*

[1] Desejo expressar minha gratidão a Landon Saunders por ter partilhado esta história comigo.

Capítulo 6: *A Terapia do Cuspe*

[1] Joni Eareckson Tada et al., *When Morning Gilds the Skies: Hymns of Heaven and Our Eternal Hope* (Wheaton, Ill.: Crossway Books, 2202), 23-24. Usado sob permissão.

Capítulo 7: *O que Jesus Diz nos Funerais*

[1] Usado sob permissão de Karen e Bill Davis.

[2] Billy Sprague, *Letter to a Grieving Heart: Comfort and Hope for Those Who Hurt* (Eugene, Oreg.: Harvest House, 2001), 9.

Capítulo 8: *Expulsando o Inferno*

[1] Este não é o verdadeiro nome dela.

[2] Linda Dillow e Lorraine Pintus, *Gift-Wrapped by God: Secret Answers to the Question, "Why Wait?"* (Colorado Springs, Colo.: WaterBrook Press, 2002), 59-64. Usado sob permissão.

Capítulo 9: *Não Depende de Você*

[1] John MacArthur Jr., *The MacArthur New Testament Commentary: Matthew 8-15* (Chicago: Moody Press, 1987), 281-283.

Parte Dois: *Não Há Lugar em que Ele Não Deseje Ir*

[1] Paul Aurandt, *Destiny and 102 Other Real-Life Mysteries* (Nova Iorque: Bantam Books, 1983), 225.

Capítulo 11: *Ele Adora Estar com aqueles a quem Ama*

[1] Maxie Dunnam, *This Is Christianity* (Nashville: Abingdon Press, 1994), 60-61.

Capítulo 13: *Uma Cura para a Vida Comum*

[1] Dean Farrar, *The Life of Christ* (Londres: Cassel and Co., Ltd., 1906), 57.

[2] George Connor, comp., *Listening to Your Life: Daily Meditations with Frederick Buechner* (San Francisco: Harper & Row Publishers, 1992), 2.

[3] Destiny passou a estar com Jesus no dia 3 de dezembro de 2002.

Capítulo 14: *Ah... Ser Livre de PPDs!*

[1] Extraído da obra de Don Stephens, "Of Mercy — and Peanut Butter", The Mercy Minute, em www.mercyships.org/mercyminute/vol5/mmv5-32.htm, e Harold S. McNabb Jr., "Inspirational Thoughts from the Legacy of George Washington Carver", palestra proferida na Iowa State University.

[2] Salmos 119.18.

Capítulo 15: *De Chutadores de Pneus a Compradores de Carros*

[1] Desejo expressar minha gratidão a Bob Russell por ter partilhado esta história comigo.

Capítulo 17: *Deus Está no meio das Tempestades*

[1] Ann Coulter, "Dressing for Distress", 24 de outubro de 2001. Extraído de www.worldnetdaily.com.

[2] Frederick Dale Bruner, *The Churchbook: Matthew 13-28*, vol. 2 da obra *Matthew: A Commentary by Frederick Dale Bruner* (Dallas: Word Publishing, 1990), 534.

Capítulo 18: *Esperança ou Engodo?*

[1] "Escolhido" é a tradução de *agapetos*, "aquele que é absolutamente único e solitário". O termo "Filho" é precedido por um artigo definido: "*O* meu Filho", *ho huios mou.* Ibid., 606.

[2] C. S. Lewis, *Mere Christianity* (Nova Iorque: MacMillan, 1952), 56.

Capítulo 19: *Abandonado!*

[1] Matthew Henry, *Matthew to John*, vol. 5 da obra *Matthew Henry's Commentary on the Whole Bible* (Old Tappan, N. J.: Fleming H. Revell Company, 1985), 428.

[2] Walter Bauer, *A Greek-English Lexicon of the New Testament*, trad. William F. Arndt e F. Wilbur Gingrich (Chicago: University of Chicago Press, 1979), 50.

Capítulo 20: *O Golpe de Misericórdia de Cristo*

[1] Josh McDowell, *The New Evidence That Demands a Verdict* (Nashville: Thomas Nelson, 1999), 193.

[2] Ibid., 186, 189, 192.

Capítulo 21: *A Incrível Reivindicação de Cristo*

[1] Peter Lewis, *The Glory of Christ* (Londres, Inglaterra: Holder & Stoughton, 1992), 342.

Conclusão: Ainda bem perto de Nós

[1] John Piper, *Seeing and Savoring Jesus Christ* (Wheaton, Ill.: Crossway Books, 2001), 19.

[2] John MacArthur Jr., *The MacArthur New Testament Commentary: Colossians and Philemon* (Chicago: Moody Press, 1992), 48.

[3] Piper, *Seeing and Savoring Jesus Christ*, 19.

[4] MacArthur Jr., *The MacArthur New Testament Commentary: Colossians and Philemon*, 47.

[5] Lewis, *Glory of Christ*, 135.

[6] Charles J. Rolls, *Time's Noblest Name: The Names and Titles of Jesus Christ* (Neptune, N.J.: Loizeaux Brothers, 1985), 84-86.

O Salvador *Mora ao Lado*

Guia de Discussão

Preparado por Steve Halliday

Capítulo 1
O Salvador que Está bem ao nosso Lado

VISITANDO A VIZINHANÇA

1. "Quem é você?", ele perguntou tão suavemente que ninguém além de Deus poderia ouvir. "Você acabou de despertar um morto! Você não deveria estar envolto em luz, ou cercado de anjos, ou entronizado mais alto que mil Césares? Contudo, olhe para você — vestindo as roupas que eu usaria, rindo das histórias que eu conto e comendo a comida que todos nós comemos. É isto o que vencedores da morte fazem? Simplesmente, quem é você?"

   A. Quando você veio a conhecer Jesus, quem pensou que Ele era? Quem você pensa que Ele é agora? Por quê?

   B. O que mais lhe impressiona a respeito de Jesus? Por quê?

2. Se Jesus fosse apenas Deus, Ele poderia nos criar, mas não nos compreender. Um Jesus apenas homem poderia nos amar, mas jamais nos salvar. E um Jesus que é Deus-homem? Perto o suficiente para ser tocado. Forte o suficiente para confiarmos. O Salvador que está bem ao nosso lado.

   A. O que podemos entender quanto à colocação "Se Jesus fosse apenas Deus"? E quanto a "Um Jesus apenas homem"?

   B. Por que um "Jesus apenas homem" não teria poder para nos salvar?

   C. Explique o que Max quer dizer quando se refere a um "Salvador que está bem ao nosso lado".

3. O prêmio do cristianismo é o próprio Cristo. Não dinheiro no banco, ou um carro na garagem, ou um corpo saudável, ou uma melhor auto-imagem. Cristo é a recompensa do cristianismo.

   A. De que forma Cristo é a recompensa do cristianismo?

   B. Como a nossa busca por Cristo afeta os nossos atos diários?

4. O seu mundo poderia usar um pouco de música? Caso a resposta seja sim, convide o barítono do céu a ter plena liberdade em sua vida. Ele pode parecer tão comum quanto a pessoa ao lado, mas espere até ver o que Ele pode fazer. Quem sabe? Algumas músicas cantadas com Ele podem mudar a maneira como você canta... Para sempre.

   A. De que forma o seu mundo poderia fazer uso de "um pouco de música"?

   B. Como você poderia convidar "o barítono do céu" a ter plena liberdade em sua vida?

   C. Como a vida com Jesus muda o seu modo de "cantar"?

CENTRO DA CIDADE

1. Leia Lucas 7.11-17

   A. O que aconteceu quando Jesus viu a procissão do funeral descrito nesta passagem? O que Ele fez imediatamente (vv. 13-15)?

   B. Como as pessoas reagiram a este acontecimento? A que conclusão chegaram (v. 16)?

   C. Como este evento demonstrou a humanidade de Jesus? Como revelou a divindade dEle?

2. Leia Marcos 4.35-41

   A. Por que a tempestade perturbou a confiança dos discípulos?

   B. Que resposta Jesus deu à pergunta dos discípulos (vv. 39,40)?

   C. Uma vez que todos os discípulos viram o que Jesus fez, em sua opinião por que questionaram quem Ele era?

3. Leia Colossenses 1.15-20; 2.9.

   A. O que estes versos nos ensinam sobre a identidade de Jesus? Por que isto é importante?

B. Como estes versos descrevem "O Salvador que está bem ao nosso lado"? O que o torna o Salvador? Como se dá esta proximidade?

MELHORIA DA COMUNIDADE

Para ajudá-lo a pensar em Jesus como "O Salvador que está bem ao nosso lado", caminhe em seu bairro, orando por aqueles que vivem ao seu redor. Peça ao Senhor para se fazer real na vida deles e mostrar-lhes a sua verdadeira natureza. Pergunte-lhe como você pode ajudar neste processo.

Capítulo 2
A Canção Tema De Cristo

VISITANDO A VIZINHANÇA

1. Por que Jesus pendurou a roupa suja de sua família no varal da vizinhança? Porque a sua família também tem alguma.

   A. Que tipo de "roupa suja" Jesus mencionou? Por que era importante que Ele fizesse isto?

   B. Tomando por base o exemplo de Jesus, qual deveria ser a nossa atitude em relação ao passado da nossa família?

2. A frase "Eu já passei por isso" está no coro da canção tema de Cristo. Para os solitários, Jesus sussurra: "Eu já passei por isso". Para os desanimados, Cristo meneia a cabeça e suspira: "Eu já passei por isso".

   A. Seria útil para você saber que Cristo experimentou o desapontamento e as dificuldades de ser humano? Como?

   B. Em que área de sua vida é confortante saber que Cristo "já passou por isso"? Por quê?

3. Ele não tem vergonha de você. Nem se confunde a seu respeito, nem sequer por causa de seus próprios atos. As suas atitudes não o

atordoam. Seu prestígio decadente não o incomoda. Portanto vá a Ele. Afinal, você faz parte da família dEle.

A. Você realmente acredita que Cristo não tem vergonha de você? Como a aceitação ou a rejeição deste fato afeta a sua atitude? E o seu comportamento?

B. Os seus próprios atos o confundem? Explique.

C. De que forma você é parte da família de Cristo?

D. Como você recorre a Jesus durante as dificuldades? O que faz?

CENTRO DA CIDADE

1. Leia Isaías 53.2,3.

A. Por que você supõe que Deus optou por não dar a Cristo uma aparência extraordinária?

B. O que significa que Cristo cresceu como "raiz de uma terra seca"? O que é esta raiz de uma terra seca? Como isto o capacitou a se identificar conosco?

2. Leia Marcos 3.20-22.

A. Como a própria família de Jesus respondeu ao início de seu ministério (v. 21)? Por que você acha que eles reagiram dessa forma?

B. Como os doutores da lei responderam aos ensinos de Jesus (v. 22)? Por que você acha que eles reagiram assim?

C. Como você responde aos ensinos de Jesus? Explique.

3. Leia Hebreus 2.10-18.

A. O que significa dizer que Jesus foi consagrado através das aflições (v. 10)?

B. Por que Jesus não se sente envergonhado de nos chamar de irmãos (v. 11)?

C. De acordo com o versículo 14, por que o Filho de Deus se tornou humano?

D. Como a experiência terrena de Jesus o qualificou a ser o nosso "Sumo Sacerdote" (v. 17)? De acordo com Hebreus 5.1-10, o que Jesus faz por nós como o nosso Sumo Sacerdote?

E. De que forma Jesus sofreu quando foi tentado? Como esta experiência dolorosa nos beneficia (v. 18)?

MELHORIA DA COMUNIDADE

Jesus saiu de seu caminho para se identificar conosco. Como você se identifica com os seus vizinhos? Se ainda não conhece os seus vizinhos, decida-se a fazê-lo esta semana. Convide-os para tomar café ou para algum passeio. Comece o processo de conhecê-los e de se identificar com as suas lutas e preocupações.

Capítulo 3
O Amigo dos Fracassados

VISITANDO A VIZINHANÇA

1. Jesus começa a sorrir e a balançar a cabeça. "Mateus, Mateus, você acha que eu vim para isolá-lo? Me seguir não significa esquecer-se de seus amigos. É exatamente o oposto. Eu quero conhecê-los".

    A. Por que algumas pessoas como Mateus pensam que Jesus veio para isolá-las?

    B. Por que Jesus quer conhecer os "fracassados" — e seus amigos?

2. O que poderia ser melhor? Pecadores e santos na mesma sala e ninguém tentando determinar quem é o que.

    A. Qual a vantagem de se ter santos e pecadores no mesmo recinto?

    B. Qual a vantagem de não tentar identificar quem pertence a qual grupo?

3. Uma história e tanto! Mateus se transforma de enganador em discípulo. Ele organiza uma festa que deixa os religiosos bastante indignados, mas Cristo orgulhoso. Os bons se sentem bem, e os maus vão embora. Uma história e tanto, com certeza! O que aprendemos com ela?

   A. Por que a festa de Mateus incomodou tanto os religiosos?

   B. Quais situações paralelas você vê hoje? Você geralmente responde como Cristo ou como os líderes religiosos? Por quê?

4. Você não tem de ser esquisito ou deixar de gostar dos seus amigos para seguir a Jesus. É exatamente o oposto. Algumas apresentações seriam algo bom. Você sabe como grelhar um bife?

   A. Você conhece alguém que ache que "ser diferente" (no sentido de ser esquisito) seja essencial para o discipulado?

   B. Cite alguns modos efetivos pelos quais você apresentou Jesus aos seus amigos.

   C. O que Max realmente quer dizer quando pergunta: "Você sabe como grelhar um bife"? Como você responderia a esta pergunta?

CENTRO DA CIDADE

1. Leia Mateus 9.9-13.

   A. Quais foram os problemas que os fariseus tiveram com Jesus ao comparecer à festa de Mateus (vv. 10,11)? A quem dirigiram sua pergunta? Por que não perguntaram diretamente a Jesus?

   B. Quem respondeu a pergunta dos fariseus? Que resposta foi dada (v. 12)?

   C. Quem eram os "sãos" neste acontecimento? Quem eram os "doentes"? Todos conheciam a sua verdadeira condição? Explique.

D. O que Jesus disse que os fariseus deveriam aprender (v. 13)? Como uma resposta correta poderia começar a levá-los a uma vida espiritual saudável?

2. Leia 1 Coríntios 1.26-31.

A. Quais pontos Paulo destaca no versículo 26? Por que isto é significativo?

B. Como Paulo explica as ações de Deus (vv. 27-29)?

C. Como Paulo descreveu o papel de Jesus (v. 30)?

D. A que conclusão Paulo chegou (v. 31)?

3. Leia Apocalipse 5.9,10.

A. Como este cântico dirigido a Jesus descreve as pessoas por quem Ele morreu? Qual a composição deste grupo?

B. O que Jesus fará a estas pessoas por quem Ele morreu? Qual o seu destino?

MELHORIA DA COMUNIDADE

Para se tornar um amigo, você deve aprender mais do que um nome; você tem de conhecer a *pessoa*. Seja amigo(a) de alguém na região em que você mora, preferivelmente uma pessoa mais velha, que poderia fazer uso de sua ajuda e amizade. Demonstre a sua oferta de amizade através de uma generosidade criativa: aparar um gramado, levar um animal de estimação para passear, ajudar em algum conserto necessário, encarregar-se de um serviço, ou apenas dar ao seu vizinho o seu número de telefone, dizendo: "Se precisar de ajuda, pode me ligar".

Capítulo 4
A Mão que Deus Adora Segurar

VISITANDO A VIZINHANÇA

1. A vida invade seu corpo rapidamente. O rosto pálido torna-se rosado. A respiração curta torna-se mais forte. A barragem se rompe

e o rio inunda a sua vida. A mulher sente a força penetrar em si mesma. E Jesus? Jesus sente a saída do seu poder.

A. Tente se colocar no lugar da mulher. Como você acha que se sentiria naquele momento da cura? Surpreso? Jubiloso? Impressionado? Amedrontado? Explique.

B. Por que você acha que Jesus queria saber quem o havia tocado? Por que isto era tão importante para Ele, tendo em vista que a sua pergunta amedrontou a mulher?

2. "Toda a verdade." Quanto tempo havia passado, desde a última vez que alguém parou o carro, desligou o motor e ouviu a sua história? Porém, quando essa mulher estende a mão para Jesus, Ele a ouve. Com o bispo da cidade esperando, uma garotinha morrendo e a multidão pressionando, Cristo ainda consegue tempo para uma mulher da periferia.

A. Por que você pensa que Jesus queria ouvir toda a história da mulher? O que Ele esperava realizar?

B. Por que você acha que foi benéfico para a mulher contar toda a sua história?

C. Como Jesus ainda tem tempo para as pessoas que "tocam a orla de suas vestes"? Como você, pessoalmente, já o viu fazer isto?

3. A doença tirou-lhe as forças. O que tirou as nossas? O excesso de correções? Muita bebida? Noitadas nos braços errados? Longos dias no trabalho errado? A gravidez precoce? Algo muito freqüente? Será que a mão dela é a sua mão? Se for, tenha coragem. A sua família pode afastar-se dela. A sociedade pode evitá-la. E Cristo? Cristo quer tocá-la.

A. Responda a pergunta de Max. O que tirou as suas forças?

B. De que forma isto o separou das outras pessoas? E de Cristo?

4. A sua mão é a mão que Ele adora segurar.

A. Você acredita nesta declaração? Explique.

B. Como Jesus "segura" a nossa mão hoje? Em que ocasiões da sua vida Ele segurou a sua mão?

CENTRO DA CIDADE

1. Leia Marcos 5.21-34.

   A. Que pedido o principal da sinagoga fez a Jesus (v. 23)? Como Jesus respondeu (v. 24)?

   B. Descreva o problema da mulher (vv. 25,26). O que seria comparável, hoje, à situação dela?

   C. Como o toque dela foi diferente do das outras pessoas que estavam ao redor de Jesus? Como os discípulos reagiram à pergunta de Jesus sobre quem o havia tocado (v. 31)?

   D. Como Jesus respondeu a confissão da mulher (v. 34)?

2. Leia Marcos 10.13-16.

   A. Por que os discípulos repreendiam certas pessoas? A que os discípulos faziam objeção (v. 13)?

   B. Como Jesus reagiu em relação à atitude de seus discípulos (v. 14)? Que motivo Ele deu para a sua reação (vv. 14,15)?

   C. O que Jesus fez para enfatizar a sua posição (v. 16)?

3. Leia Isaías 42.1,5-7.

   A. Quem está falando nesta passagem? Como o profeta a descreve (v. 5)?

   B. O que Deus prometeu fazer por seu Servo (v. 6)? A quem Ele está enviando este Servo?

   C. Como o toque de Deus afeta o Servo, e então como o toque do Servo nos afeta (v. 7)?

MELHORIA DA COMUNIDADE

Têm sido dito que as mãos dos discípulos de Jesus são as mãos de Cristo para o mundo. Como seu seguidor, você pode "tocar" as pessoas no seu mundo por Ele. Faça uma pequena pesquisa para ver onde uma "mão útil" pode ser necessária em sua própria vizinhança ou comunidade. Você pode ser um voluntário em um posto de distribuição de alimentos, ou servir como contador de histórias em uma escola da rede local, ou oferecer-se para servir uma refeição em um abrigo de pessoas que não têm um lar. Descubra quais são as oportunidades, e então aproveite para servir em uma delas. Seja as mãos de Cristo.

CAPÍTULO 5
TENTE OUTRA VEZ

VISITANDO A VIZINHANÇA

1. Existe um olhar que diz: "É tarde demais".

   A. Que tipo de olhar diz: "É tarde demais"? Você já viu este olhar? Explique.

   B. Você já teve este tipo de olhar? Explique.

2. Você já se sentiu como Pedro. Já esteve onde ele está. E agora Jesus está pedindo que você vá pescar. Ele sabe que as suas redes estão vazias. Sabe que o seu coração está cansado. Ele sabe que tudo o que você quer é dar as costas para essa confusão e parar de trabalhar. Mas ele insiste "Não é tarde demais para tentar novamente".

   A. O que está fazendo com que você se sinta fatigado neste momento?

   B. De que forma Jesus poderia lhe pedir para "ir pescar"?

3. Encontrar tesouros é fácil para quem os escondeu. Encontrar peixes é fácil para o Deus que os criou. Para Jesus, o mar da Galiléia é um pequeno aquário num armário de cozinha.

   A. Se Jesus podia com tanta facilidade encontrar peixes difíceis de serem encontrados no mar da Galiléia, que tipo de peixe difícil de achar você gostaria que Ele encontrasse em seu próprio mar?

   B. Como a sua vida poderia mudar se você conscientemente se lembrasse o tempo todo de que Jesus era o Deus encarnado?

4. Ao contrário do que você pode ter ouvido falar, Jesus não limita o seu recrutamento aos valentes. Os cansados e maltratados são os primeiros interessados no seu livro, e Ele é conhecido por aparecer nos barcos, nos bares e nos prostíbulos para lhes dizer: "Não é tarde demais para recomeçar".

   A. De que forma às vezes pensamos que Jesus *limita* o seu recrutamento aos valentes? Por que acreditamos neste mito?

   B. Você conhece alguém que recomeçou? Até onde Jesus foi para alcançar estas pessoas? Como elas responderam?

   C. Jesus já lhe disse: "Não é tarde demais para recomeçar"? Explique.

CENTRO DA CIDADE

1. Leia Lucas 5.1-11.

   A. Que pedido Jesus fez a Simão Pedro no versículo 3? Por que Ele fez tal pedido?

   B. Que pedido Jesus fez a Simão no versículo 4?

   C. Como Simão respondeu ao pedido de Jesus (v. 5)? O que ele fez?

   D. O que aconteceu quando Simão atendeu ao pedido de Jesus (vv. 6,7)?

   E. Qual foi a reação de Simão quando Jesus realizou o milagre (vv. 8-10)?

   F. Como Jesus respondeu à reação de Simão (v. 10)?

G. Em sua opinião, por que Simão e seus parceiros deixaram tudo para seguir a Jesus?

2. Leia Romanos 7.14-25.

A. Como Paulo caracteriza a si próprio no versículo 14? Por que isto é significativo?

B. Que problema pessoal Paulo descreve nos versículos 15-23? Você pode se identificar com este problema? Explique.

C. Como este problema fez com que o apóstolo se sentisse (v. 24)? Você pode se identificar com isto? Explique.

D. Que pergunta Paulo faz no versículo 24? Que resposta ele dá no versículo 25? O que tudo isto tem a ver com "tentar outra vez"?

MELHORIA DA COMUNIDADE

A maioria de nós tem um vizinho, um amigo ou um membro da família com quem tivemos uma desavença ou um conflito. Talvez você já tenha tentado, sem êxito, consertar a situação. Por que não tentar novamente? O que está impedindo-o de fazer uma outra tentativa? Antes de aproximar-se desta pessoa, passe pelo menos uma hora em oração, apresentando a Deus sua atitude, seus medos e seu objetivo. Então... tente outra vez!

Capítulo 6
A Terapia do Cuspe

VISITANDO A VIZINHANÇA

1. Isto é que é um papel ingrato. Destinado ao sofrimento. Alguns cantam a glória de Deus. Outros ensinam para a glória de Deus. Mas quem quer ser cego para a glória de Deus? O que é mais desagradável — a condição, ou descobrir que foi idéia de Deus?

A. Você gostaria de cantar para a glória de Deus? Ensinar para a glória de Deus? Ser cego para a glória de Deus? Explique.

B. O que você acha que seria mais difícil, ser cego ou saber que a sua condição foi uma idéia de Deus? Explique.

C. Como você explicaria esta história para alguém que vive afastado da fé? Como explicaria que Deus permitiu que alguém nascesse cego — para que os outros pudessem ver a sua glória quando Ele o curasse?

2. Quem estava realmente cego naquele dia? Os vizinhos não viram o homem; eles viram uma novidade. Os líderes da igreja não viram o homem; eles viram um assunto técnico. Os pais não viram o seu filho; eles viram uma dificuldade social. No final, ninguém o viu.

A. Em sua cultura, que tipo de pessoa ninguém "vê"?

B. Você já se sentiu invisível para os outros? Explique.

C. Sobre que exemplos você pode pensar, de situações em que diariamente negligenciamos milagres que ocorrem ao nosso redor, enfocando algo negativo?

3. Será que algumas pessoas parecem receber mais do que a sua cota de cartas ruins? Se a resposta for sim, Jesus sabe. Ele sabe como eles se sentem e onde estão.

A. Responda a pergunta de Max.

B. Quem em sua vida parece ter sido julgado e recebido mais do que os seus atos mereciam? Descreva a situação da pessoa. De que formas diferentes você viu as pessoas responderem às grandes dificuldades? Qual foi o resultado em cada caso?

C. Por que você acha que Deus permite esta divisão desigual?

4. Eu sinto muito pelo seu vestido cheio de graxa. E pelas suas flores — elas têm a tendência de escorregar, não é mesmo? Quem tem a resposta para as doenças, para o trabalho enfadonho e para a escuridão nesta vida? Eu não tenho. Mas sabemos que tudo muda, quando você olha para o seu noivo.

A. Como você reage às enfermidades, ao trabalho penoso e à escuridão desta vida?

B. O que muda quando você olha para o seu noivo?

CENTRO DA CIDADE

1. Leia João 9.1-41.

   A. Que pergunta deu origem a todo este incidente (v. 2)? De que forma perguntas como esta ainda são feitas hoje?

   B. Como os vizinhos do homem reagiram à sua cura (vv. 8-10)? Por que você acha que eles responderam desta forma?

   C. Como os fariseus reagiram à cura do homem (vv. 13-16)? Por que eles reagiram desta forma?

   D. Como os pais reagiram à cura do filho (vv. 18-23)? Por que eles reagiram assim?

   E. De que forma o homem demonstrou coragem na segunda vez em que os líderes religiosos o convocaram (vv. 24-33)? Como os líderes reagiram à sua coragem (v. 34)?

   F. Como Jesus reagiu ao mau tratamento dispensado ao homem (vv. 35-37)? Como o homem reagiu em relação a Jesus, assim que ouviu a verdade (v. 38)?

2. Leia 2 Coríntios 4.16-18.

   A. De acordo com o versículo 16, como podemos evitar perder o ânimo?

   B. Como o versículo 17 nos ajuda a prosseguir espiritualmente, apesar do sofrimento para o qual não temos nenhuma explicação?

   C. Que estratégia de vida o versículo 18 desenvolve? Como você pode fixar os seus olhos naquilo que não pode ser visto? Quais são os meios práticos de se fazer isto?

MELHORIA DA COMUNIDADE

Quem em sua vida necessita de um pouco de encorajamento neste momento? O que você pode fazer para que um dia, que seria sombrio, brilhe? Não deixe passar um outro dia sem fazer o que estiver ao seu alcance para proporcionar alguma alegria à vida de tal pessoa; seja através de um telefonema, de uma carta cuidadosamente escrita, de uma visita pessoal, ou de algo mais apropriado.

CAPÍTULO 7

VISITANDO A VIZINHANÇA

1. Todos os funerais têm as suas Martas. Espalhados entre os familiares e amigos do defunto, estão os confusos e os desnorteados: "Ajude-me a entender esta questão, Jesus".

   A. Você já viu uma "Marta" em um funeral? Se a resposta for sim, descreva como se sentiu.

   B. A morte de qual pessoa o confundiu mais? Por quê?

2. Jesus chorou. Ele chorou com eles. Ele chorou por eles. Ele chora com você. Ele chora por você.

   A. Como você se sente ao saber que Jesus chora pela tragédia humana?

   B. O que significa Jesus chorar "conosco"?

   C. O que significa Jesus chorar "por" nós?

3. O sofrimento não significa que você não confia; mas sim que não suporta o pensamento de outro dia sem Jacó ou Lázaro na sua vida.

   A. Por que às vezes pensamos que sofrer *significa* que não cremos?

   B. Existe um ponto em que o sofrimento passa a ser o mesmo que falta de fé? Explique.

4. Quando Cristo fala com os mortos, eles ouvem. Realmente, se Jesus não tivesse chamado Lázaro pelo nome, o ocupante de cada túmulo na terra teria ressuscitado.

   A. Você concorda com as declarações de Max? O que elas dizem a respeito do poder de Cristo sobre os mortos? E sobre os vivos?

   B. Existe alguém de quem você desistiu, pensando que esta pessoa nunca "ouviria" a voz de Cristo? De que modo isto o encoraja?

CENTRO DA CIDADE

1. Leia João 11.1-44.

   A. Por que o versículo 4 parece contradizer o 14? De que forma a contradição foi resolvida?

   B. Por que Jesus ficou onde estava por três dias antes de ir ver seu amigo Lázaro? Qual era a prioridade de Jesus?

   C. Por que você acha que Jesus não contou às duas irmãs o que Ele ia fazer? Por que Cristo manteve segredo até que o fez?

   D. Como as duas irmãs demonstraram confiança e dúvida nesta história? De que modo freqüentemente fazemos o mesmo?

2. Leia Romanos 14.8-10.

   A. De acordo com o versículo 8, que tipo de pessoas pertencem ao Senhor? Por que isto é importante?

   B. De acordo com o versículo 9, por que Cristo morreu e ressuscitou?

   C. Como Paulo aplica esta verdade teológica a um problema muito prático no versículo 10?

3. Leia Tessalonicenses 4.13-18.

   A. De acordo com o versículo 13, o que estimulou Paulo a escrever esta passagem?

B. Como Paulo encoraja seus amigos que haviam perdido pessoas queridas e eram fiéis a Deus (vv. 14-17)?

C. O que Paulo queria que seus amigos fizessem com a instrução que lhes deu (v. 18)? Por que fez este pedido?

MELHORIA DA COMUNIDADE

Leia um trabalho compassivo e bem escrito sobre o sofrimento e como lidar com ele. Estabeleça uma meta de aprender algo novo sobre como ajudar no processo da dor, e então procure maneiras de colocar em prática o seu novo conhecimento.

Capítulo 8
Expulsando o Inferno

VISITANDO A VIZINHANÇA

1. Satanás não pára. Um olhar rápido em direção ao homem selvagem revela o objetivo de Satanás para você e para mim. *A dor auto-infligida.* O endemoninhado usava pedras. Somos mais sofisticados; usamos drogas, sexo, trabalho, violência e comida (o inferno faz com que machuquemos a nós mesmos).

   A. De que forma você tem visto as pessoas ao seu redor sofrerem dores auto-infligidas?

   B. De que forma(s) o inferno fez com que você trouxesse algum tipo de sofrimento a si mesmo?

   C. Como você lidou com esta dor auto-infligida?

2. Satanás pode nos perturbar, mas não nos derrotar. A cabeça da serpente é esmagada.

   A. O que significa que Satanás não pode nos "vencer"?

   B. O que significa que a cabeça da serpente é esmagada?

   C. Como Satanás está perturbando você ou a sua família neste momento?

3. Basta uma palavra de Cristo, e os demônios estão nadando com os porcos, e o homem selvagem está "vestido e em perfeito juízo" (Mc 5.15). Basta uma ordem! Não é necessária uma sessão espírita. Sem truques. Não se ouvem cânticos nem se acendem velas. O inferno é um formigueiro contra o rolo compressor dos céus.

   A. Por que Cristo pode controlar os demônios com uma simples ordem?

   B. O que significa para você o fato de Cristo ter tal poder sobre o inferno?

4. A serpente no fosso e Lúcifer no inferno — ambos encontraram um adversário mais forte que eles. E, ainda assim, ambos se agitam por muito tempo depois da sua derrota. Por esse motivo, embora confiantes, ainda somos *cuidadosos*. Para um verme velho e desdentado, Satanás até que tem uma mordida forte!

   A. De que forma você tem "cautela" ao lidar com Satanás e suas forças?

   B. Descreva alguns exemplos recentes da "mordida" de Satanás.

CENTRO DA CIDADE

1. Leia Marcos 5.1-20.

   A. Por que você acha que o homem endemoninhado veio ao encontro de Jesus quando o Senhor saiu do barco (v. 2)? Por que ele não fugiu?

   B. Qual foi o pedido que o homem fez a Jesus (v. 7)? Por que você acha que ele fez este pedido?

   C. Por que você acha que os demônios queriam entrar nos porcos (v. 12)?

   D. Como as pessoas do local responderam a esta demonstração divina de força (vv. 14-17)?

   E. O que o homem curado pediu a Jesus (v. 18)? Qual foi a resposta de Jesus (v. 19)? Por que você acha que Ele respondeu desta maneira?

2. Leia 1 Pedro 5.8-10.

    A. Como esta passagem descreve o Diabo (v. 8)? Por que esta é uma descrição adequada?

    B. Como você deve "resistir" a Satanás (v. 9)?

    C. Como você se prepara para ficar "firme na fé"?

    D. Por que isto o ajuda a se lembrar de que você não está sozinho no sofrimento e na tentação (v. 9)?

    E. De onde se origina, em última análise, toda a força espiritual (v. 10)?

3. Leia Efésios 6.10-18.

    A. Por que um cristão precisa de uma armadura espiritual e de armas espirituais (vv. 11,12)?

    B. Que tipo de armadura Paulo descreve aqui? Que tipo de armas?

    C. Mencione cada um dos itens que constam aqui. Qual deles você acha que melhor lhe serve? Quais deles necessitam de mais atenção da sua parte? Por quê?

MELHORIA DA COMUNIDADE

O assunto da batalha espiritual pode assustar muitas pessoas, mas as Escrituras deixam claro que se trata de uma batalha muito real. Leia 2 Coríntios 10.3-5 e faça uma lista do que você precisa para melhorar nesta área. Partilhe a sua lista com um amigo de confiança, e peça-lhe que o ajude a manter-se responsável por seguir a lista.

Capítulo 9
Não Depende de Você

VISITANDO A VIZINHANÇA

1. Deus não nos envia a uma escola de obediência para aprender novos hábitos; Ele nos envia a um hospital para recebermos um novo coração. Esqueça os treinamentos; Deus nos fará transplantes.

A. Por que precisamos de novos corações em vez de mera obediência?

B. Você tem um novo coração? Explique.

C. Quais são os indicadores de um novo coração? Como eles se comparam aos meros atos de obediência?

2. Não existe nenhum botão de retrocesso no vídeo da vida... não é mesmo? Não podemos recomeçar... podemos? Um homem não pode nascer novamente... pode?

A. Você já quis apertar o botão de retrocesso no videocassete da vida? O que gostaria de voltar atrás e mudar? Já que não pode mudar o passado, como pode usá-lo para o bem?

B. Como Deus nos permite "começar de novo"? Como é este processo?

C. O que significa "nascer de novo"?

3. Os tropeços de um bebê não invalidam o ato do nascimento. E os tropeços de um cristão não anulam o seu nascimento espiritual, desde que ele arrependa-se de seus erros e deixe-os, pedindo perdão a Deus (Pv 28.13).

A. Por que às vezes pensamos que os deslizes invalidam o nosso nascimento espiritual?

B. Como você se sente quando comete uma falha? Isto o incomoda? Explique.

C. Que tipo de deslizes você está mais propenso a cometer?

4. Ele depositou a semente de Cristo em você. À medida que ela cresce, você vai mudando. Não é que o pecado tenha perdido a presença em sua vida, mas sim que ele não tem mais poder sobre ela. A tentação irá lhe importunar, porém não lhe dominará.

A. O que é a "semente de Cristo" que Deus deposita em seus filhos?

B. Você mudou desde que se tornou cristão?

C. A tentação tende a importuná-lo ou a dominá-lo? Explique.

CENTRO DA CIDADE

1. Leia João 3.1-16.

   A. Por que você acha que Nicodemos foi ver Jesus de noite?

   B. Mencione algumas diferenças e semelhanças entre o nascimento físico e o nascimento espiritual.

   C. Quem ocupa o papel principal no nascimento espiritual (v. 8)? Por que isto é importante?

   D. Que papel a fé ou a confiança desempenham no nascimento espiritual (v. 15)?

   E. O que é prometido àqueles que depositam a sua confiança em Cristo (v. 16)?

2. Leia Tito 3.3-6.

   A. Como Paulo caracteriza a sua vida e a de seus amigos antes de sua conversão (v. 3)?

   B. Quem ocupou o papel de liderança em suas conversões (vv. 4,5)?

   C. Como Paulo descreve a sua salvação (v. 5)?

   D. Qual foi o papel do Senhor Jesus nesta realização (v. 6)?

3. Leia Filipenses 1.3-6.

   A. Por que Paulo diz que ora pelos filipenses (vv. 3-5)?

   B. Quem "começou a boa obra" nos amigos de Paulo (v. 6)? O que isto significa?

   C. Quem completará esta obra nos amigos de Paulo? Como Ele o fará?

MELHORIA DA COMUNIDADE

Crentes que tropeçam em sua caminhada de fé freqüentemente sentem-se fracassados e às vezes questionam se Deus pode sequer suportá-los. Pense em alguém que você conhece que já cometeu um sério deslize há alguns dias ou semanas atrás. O que poderia fazer para ajudar esta pessoa a se recuperar da decepção e a continuar a vida em Cristo? Faça um plano, e então coloque-o em ação.

Capítulo 10
O Homem do Lixo

VISITANDO A VIZINHANÇA

1. Sua voz é doce e sua pergunta é sincera: "Não quer me dar o seu lixo?"

   A. Qual é o "lixo" mencionado aqui?

   B. Que tipo de "lixo" você carrega?

   C. Você tem a tendência de lançar fora ou de guardar o seu lixo? Explique.

2. Ao chegarem à colina, a fila até o topo é muito comprida. Centenas de pessoas caminham à frente das duas mulheres e todas esperam em silêncio, alarmadas com o que ouvem — um grito, um bramido cheio de dor que flutua no ar por momentos e apenas se interrompe com um gemido. Depois, o grito volta novamente. O dEle.

   A. Por que o homem gritou?

   B. Por que o homem se sujeitou a tamanha dor?

2. As palavras dela são suaves e não são dirigidas a ninguém em particular... "Ele está de pé." Depois, ela grita bem alto para a sua amiga: "Ele está de pé".
   E então, para todas as outras pessoas: "Ele está de pé!"
   Ela se volta; todos se voltam. E todos vêem sua silhueta projetada sobre um sol dourado.
   De pé. Sim, é verdade.

A. O que esta imagem do homem em pé representa em seu mundo?

B. Como você se sente ao saber que o Cristo ressuscitado está de pé?

CENTRO DA CIDADE

1. Leia João 1.29-31.

   A. Por que João Batista chamou Jesus de "o Cordeiro de Deus"?

   B. Tendo em vista a sua cultura, como o público de João interpretou a referência ao Cordeiro?

   C. Uma vez que Jesus nasceu vários meses depois de João, de que forma Jesus "era antes" de João (v. 30)?

   D. Usando uma concordância bíblica, procure vários tipos de referências a "cordeiros". De que modo Jesus era como um cordeiro?

2. Leia 2 Coríntios 5.17—6.2.

   A. De que modo ser uma "nova criatura" em Cristo se refere à situação de colocar o lixo de alguém diante de Jesus?

   B. Quando Deus nos redime (e tira o nosso lixo), o que Ele nos pede para fazer (vv. 18-20)?

   C. Qual é a melhor ocasião para entregar o seu lixo a Deus (v. 2)?

MELHORIA DA COMUNIDADE

Que lixo você tende a levar consigo? Como ele o está oprimindo? O que o impede de lançar este lixo aos pés de Jesus? Estabeleça um bom período de tempo hoje, e traga todo este lixo ao seu Salvador. Passe pelo menos meia hora orando, confessando o que quer que você precise confessar e pedindo ao Senhor para carregar seu fardo por você. Certifique-se de encerrar o seu período de oração com um louvor saudável aquEle que se oferece para levar o seu fardo.

Capítulo 11

Ele Adora Estar com aqueles a quem Ama

VISITANDO A VIZINHANÇA

1. Viagem de férias. Não é fácil. Então, por que continuamos a fazê-las? Por que abarrotar as malas e suportar os aeroportos congestionados? Você conhece a resposta. Simplesmente adoramos estar com aqueles que amamos.

   A. Descreva a última vez que você fez uma viagem de férias ou viajou em um feriado. Que desafios isto representou?

   B. Se apreciamos estar com aqueles que amamos, então por que estamos tão freqüentemente separados deles?

2. Que mundo Ele deixou! Nossa mansão mais luxuosa pareceria apenas um tronco de árvore para Ele. O prato mais requintado seria apenas como nozes na mesa celestial.

   A. Para você, qual é o detalhe mais notável sobre o fato de Jesus ter deixado o céu para vir à terra?

   B. Por que você acha que Jesus deixou o céu para viver entre nós na terra?

3. Ainda falando através da porta, o Dr. Maltz disse ao homem que sua mulher lhe havia feito a seguinte proposta: "Ela me pediu para desfigurar seu rosto, a fim de torná-lo igual ao seu, na esperança de que você a deixe voltar a participar de sua vida. Essa é a prova de quanto ela o ama". Houve um breve momento de silêncio e, então, bem devagar, o trinco começou a girar.

   A. O que aconteceu com o homem? Que força o levou a mudar de idéia?

   B. Você já experimentou um amor humano tão grande como o da esposa na história? Explique.

4. Ele assumiu o nosso rosto, a nossa desfiguração. Ele se tornou igual a nós. Observe os lugares onde estava disposto a ir: cocho de feno, marcenarias, terras desertas, cemitérios. Os lugares aonde Ele foi a fim de nos alcançar mostram até onde iria para nos tocar.

   A. Como Jesus assumiu a nossa deformidade? Por que Ele fez isto?

   B. A que lugares desagradáveis você já viu Jesus ir? O que Ele fez lá?

   C. Onde Jesus o encontrou? Descreva o que aconteceu.

CENTRO DA CIDADE

1. Leia Filipenses 2.4-11.

   A. Que mandamento é dado no versículo 4? O que é fácil e o que é difícil de fazer em relação a este mandamento?

   B. Que tipo de exemplo Jesus estabeleceu para nós? Mencione algumas áreas específicas.

   C. Como Deus recompensou Jesus por sua obediência (vv. 9-11)? De que forma isto nos encoraja?

2. Leia João 1.14.

   A. Quem é o "Verbo" neste versículo? Como você sabe?

   B. De onde veio este Verbo?

   C. O que significa estar "cheio" de verdade?

   D. O que significa estar "cheio" de graça?

3. Leia João 14.15-18.

   A. De acordo com o versículo 15, como provamos o nosso amor por Jesus?

   B. De acordo com o versículo 16, a quem Jesus envia outro "Auxiliador", "Conselheiro" ou "Consolador"? Quem é o Consolador?

C. Onde podemos encontrar este Consolador (v. 17)?

D. Que promessa Jesus fez no versículo 18? Como Ele a mantém hoje? Como isto demonstra que Ele gosta de estar com as pessoas que ama?

MELHORIA DA COMUNIDADE

O livro de Hebreus fala sobre o ato de compadecermo-nos daqueles que estão nas prisões (10.34) e lembrarmo-nos deles como se estivéssemos com eles (13.3). Você já considerou visitar alguém na prisão? Faça uma pequena pesquisa para ver quais ministérios locais visitam prisioneiros, ou veja, na Internet, o site www.pfm.org (o site da Prision Fellowship) para buscar informações úteis. E então planeje a visita!

Capítulo 12

Como É Isto?

VISITANDO A VIZINHANÇA

1. A primeira parada de seu itinerário era um ventre. Aonde Deus estaria disposto a ir para tocar o mundo? Olhe profundamente dentro de Maria para ter uma resposta.

A. Por que você acha que Deus se incomodou em nascer como um ser humano? Se Ele não "necessitou" de um pai humano, por que não fez o mesmo em relação à mãe humana?

B. Em sua opinião, o que é mais notável em Maria? De acordo com a sabedoria humana, por que ela parecia ser uma escolha improvável?

2. O que é o mistério do evangelho? "Cristo em vós, esperança da glória" (Cl 1.27). João foi muito claro: "E aquele que guarda os seus mandamentos nele está, e ele nele" (1 Jo 3.24).

A. Como Cristo está sendo evidenciado em seu modo de falar, em seus atos e em suas decisões?

B. Você pode dizer que pratica os mandamentos de Deus no seu dia a dia? Explique.

3. Como em Maria, Cristo habita em mim e em você. Você acha difícil de acreditar? Não mais que a própria Maria. Ninguém ficou mais surpreso com esse milagre do que ela.

   A. Você tem convicção de que Cristo habita em você? Explique.

   B. Escreva algumas coisas que Jesus fez através de você, que você não poderia ter feito sozinho(a).

4. Se Maria é nosso padrão de medida, Deus parece estar menos interessado no talento e mais interessado na confiança.

   A. Por que Deus estaria mais interessado na confiança nEle do que no talento?

   B. Esta é, para você, uma notícia boa ou má? Explique.

CENTRO DA CIDADE

1. Leia Lucas 1.26-38.

   A. Como o anjo saudou Maria (v. 28)? Como ela reagiu (v. 29)? Por quê?

   B. Que promessa o anjo fez a Maria (vv. 30-33)? Que detalhes importantes foram, aparentemente, deixados de fora (v. 34)?

   C. Como o anjo respondeu à pergunta de Maria (v. 35)? Sob que sentido esta resposta não foi suficiente?

   D. Como Maria respondeu àquele anúncio como um todo (v. 38)? O que isto demonstra a seu respeito?

2. Leia Atos 26.9-24.

   A. Como Paulo descreve a si próprio antes de conhecer a Jesus na estrada de Damasco (vv. 9-11)?

B. De acordo com 2 Coríntios 6.4-10, como Paulo descreve a sua vida depois de ter conhecido Jesus?

C. De acordo com Gálatas 2.20, a que Paulo atribuiu a notável transformação ocorrida em sua vida?

3. Leia Efésios 3.16-19.

A. Que oração Paulo fez pelos efésios no versículo 16? Nomeie os vários elementos desta oração.

B. O que significa para Cristo "habitar" no coração de uma pessoa "pela fé"?

C. Que outra oração Paulo oferece no versículo 18? Como esta oração está relacionada à anterior?

D. O que Paulo considerou como a resposta final à sua oração (v. 19)?

MELHORIA DA COMUNIDADE

O que você está fazendo atualmente em sua vida cristã que *não* poderia fazer se Cristo não estivesse operando em você? Faça uma lista destas coisas. Se a sua lista parecer curta, assuma o compromisso de orar a Deus durante um mês, pedindo as suas instruções e liderança nesta área. Peça que Deus lhe mostre como deixar que Cristo viva através de você todos os dias, nas atividades consideradas "normais" — e, então, observe as mudanças que começarão a surgir.

Capítulo 13
Uma Cura para a Vida Comum

VISITANDO A VIZINHANÇA

1. Você leva uma vida comum. Uma vida pontuada por festas de casamento, transferência de emprego e formaturas — algumas ocasiões importantes —, mas principalmente pelo ritmo do dia a dia que você partilha com a humanidade.

A. O que é "comum" em sua vida?

B. O que é extraordinário em sua vida?

2. Durante trinta dos seus trinta e três anos, Jesus viveu de maneira comum. Exceto o incidente no Templo quando tinha doze anos, não temos nenhum registro do que Ele disse ou fez nos primeiros trinta anos de sua passagem pela terra.

   A. Por que você acha que Jesus esperou até chegar aos trinta anos para iniciar o seu ministério?

   B. Que valor havia nos trinta anos da "vida comum" de Jesus?

3. Da próxima vez que a sua vida lhe parecer comum, siga o exemplo de Cristo. Preste atenção ao seu trabalho e ao seu mundo.

   A. Você gosta de se sentir "comum"? Explique.

   B. Como você poderia transformar experiências "comuns" em experiências extraordinárias?

4. Que espécie de amor adota o desastre? Que espécie de amor olha o rosto de uma criança sabendo muito bem o peso de sua calamidade e diz: "Eu a aceito"?

   A. Responda essas perguntas.

   B. Por que Deus diria estas coisas a nosso respeito? Por que Ele nos adotaria?

CENTRO DA CIDADE

1. Leia Marcos 6.1-6.

   A. Por que a pregação de Jesus impressionou os seus vizinhos (vv. 2,3)?

   B. Como Jesus respondeu ao comentário de seus vizinhos (vv. 4-6)?

   C. Por que Jesus se admirou da incredulidade dos seus vizinhos?

2. Leia 1 Pedro 1.17-21.

   A. O que significa viver com "temor"? O que isto parece significar?

   B. Como Pedro descreve o tipo de vida que nos é concedida (v. 18)?

   C. Como Pedro descreve aquEle que nos redimiu (v. 19)?

   D. Quais são os elementos divinos e humanos na vida de Jesus descritos no versículo 20?

   E. Em quem depositamos a nossa fé, de acordo com o versículo 21? Através de quem exercitamos esta fé? O que é importante a este respeito?

MELHORIA DA COMUNIDADE

Alguns cristãos entram em uma estrada insalubre porque querem desesperadamente ser vistos como qualquer coisa além do comum. Leia 1 Tessalonicenses 4.11,12. O que Paulo diz a respeito de uma vida cristã comum? Para onde ela nos leva? O que você pode ter de fazer, se possível, para estar mais de acordo com esta instrução? Memorize estes dois versículos, e medite sobre eles durante uma semana ou duas. Procure uma oportunidade discreta ou "comum" para servir.

CAPÍTULO 14
AH... SER LIVRE DE PPDs!

VISITANDO A VIZINHANÇA

1. Você tem algum PPD?
   Quando vê alguém prosperar ou ter sucesso, você sente inveja?
   Quando vê o esforçado, sente algum tipo de jactância?
   Se alguém lhe desagrada, a probabilidade desta pessoa voltar a lhe agradar é a mesma de eu ganhar a Tour-de-France (prova internacional de ciclismo)?

A. Descreva o que Max quer dizer por Padrão de Pensamento Destrutivo (PPD).

B. Responda as suas perguntas. Que outros PPDs lhe vêm à mente?

2. A luxúria o cortejou. A ganância procurou seduzi-lo. O poder o chamou. Jesus foi tentado, porém resistiu. Ele "recebeu" o e-mail contaminado, mas resistiu ao impulso de abri-lo.

A. Como o Filho de Deus sem pecado poderia ser tentado? O que significaria para nós se Ele não pudesse ser tentado?

B. Como Jesus resistiu à tentação de abrir o "e-mail contaminado"? Como podemos fazer o mesmo?

3. Lembra-se do menino de doze anos no Templo? Você foi feito para ser como Cristo! Esse é o objetivo de Deus para você! A prioridade de Deus é que você seja uma pessoa transformada pela renovação de seu entendimento (Rm 12.2).

A. De que forma você deseja ser mais como Cristo? Seja específico.

B. Descreva alguém cuja fé você respeita. De que forma esta pessoa é um modelo de Cristo para você?

4. Ele muda o homem, mudando sua mente. E como isso acontece? Fazendo o que você está fazendo agora. Considerando a glória de Cristo.

A. O que significa considerar a "glória de Cristo"?

B. Com que freqüência você deixa a sua mente ponderar a pessoa e a obra de Cristo? O que é mais eficaz para ajudar-lhe a fazer isto?

CENTRO DA CIDADE

1. Leia Lucas 2.41-50.

A. Por que você acha que Jesus não contou a seus pais que ficaria em Jerusalém?

B. Que tipo de perguntas você imagina que Jesus fez aos doutores no Templo?

C. Por que você acha que Jesus fez a seus pais as perguntas citadas no versículo 49?

D. Por que você acha que os pais de Jesus não compreenderam o que Ele lhes disse?

E. Lucas nos diz que Jesus era obediente a seus pais, embora estes não o tivessem compreendido (v. 50). De que forma isto é importante?

2. Leia Romanos 8.5-11.

A. Que teste Paulo nos oferece no versículo 5 para que possamos saber se estamos buscando a Deus ou aos nossos próprios interesses egoístas?

B. O que a mente pecaminosa produz (v. 6)? O que a mente de quem teme a Deus produz?

C. Como podemos nos assegurar de que a nossa mente tenha a paz e a vida (v. 9)? O que isto requer em termos práticos?

D. Que promessa nos é dada no versículo 11?

3. Leia Colossenses 3.1-17.

A. Que instruções Paulo nos dá nos versículos 1 e 2? O que isto significa em termos práticos?

B. Como Paulo "transmitiu" a sua ordem nos versículos seguintes? Como você pode dizer se está obedecendo ou não às suas instruções?

C. Faça uma lista de duas colunas. Do lado direito, coloque as virtudes que Paulo diz que devemos buscar; do lado esquerdo, as atitudes "ruins" que devemos evitar. Como esta luta pela mente de Cristo leva a este modo de vida?

MELHORIA DA COMUNIDADE

Você está disposto(a) a enfrentar uma mudança? Então, consulte livros, além da Bíblia, que apresentem critérios e diretrizes fabulosos para se vencer tentações específicas que todos nós enfrentamos. Leia passagens específicas das Escrituras para combater diversos pecados persistentes, tais como a ansiedade, o orgulho, a vergonha, a impaciência, a amargura, a luxúria e o desânimo. Comece a ler a parte que se refere à tentação que lhe causa mais problemas.

Capítulo 15
De Chutadores de Pneus a Compradores de Carros

VISITANDO A VIZINHANÇA

1. O batismo não era uma prática nova. Era um rito requerido a qualquer gentio que procurasse se tornar um judeu. O batismo era para as pessoas de segunda classe, apodrecidas, rejeitadas; não para os limpos, os favoritos do topo da lista — os judeus. Aí está o problema. João se recusa a fazer qualquer tipo de separação entre judeus e gentios. Em seu livro, todo coração precisa de um trabalho detalhado.

    A. Por que João acredita que "todo coração precisa de um trabalho detalhado"? Explique.

    B. De que forma o seu coração necessita de um trabalho detalhado? Explique.

2. O que nós devemos? Devemos a Deus uma vida perfeita. Perfeita obediência a todos os seus mandamentos.

    A. Você concorda com essas afirmações? Por que sim ou por que não?

    B. Se você deixou de cumprir alguma exigência, como se sentiu? Por quê?

3. O batismo celebra a sua decisão de ter o seu assento. "Todos quantos fostes batizados *em* Cristo já vos revestistes de Cristo"

(Gl 3.27, ênfase minha). Não somos salvos pelo ato, mas o ato demonstra a forma como somos salvos. Recebemos o crédito para uma vida perfeita que nós não conduzimos — na verdade, uma vida que nunca poderíamos conduzir.

A. Como o ato do batismo celebra e demonstra o modo como somos salvos?

B. Por que você acha que Deus usa atos físicos para servirem como marcadores espirituais?

4. A menina atendeu à campainha naquela noite e encontrou uma caixa de mais de dois metros de altura, embrulhada em um papel brilhante. Ela a abriu, rasgando-a, e daquela caixa saiu o seu pai, recém-saído do avião da Costa Oeste. Você pode imaginar a surpresa da menina? Talvez possa. O seu presente também veio em carne.

   A. Como o seu Pai se tornou um presente?

   B. O que você fez com este presente? O que você está fazendo com este presente?

CENTRO DA CIDADE

1. Leia Mateus 3.13-17.

   A. Por que você acha que Jesus quis ser batizado por João?

   B. Como João reagiu ao desejo de Jesus de ser batizado (v. 14)?

   C. De que modo o batismo de Jesus cumpre "toda a justiça" (v. 15)?

   D. Como Deus demonstra a sua aprovação em relação a Jesus neste acontecimento (vv. 16,17)?

2. Leia Romanos 6.3-7.

   A. O que Paulo quer dizer quando declara que os cristãos são "batizados" na morte de Cristo (v. 3)?

   B. Como o batismo simboliza o início de um novo modo de vida (v. 4)?

C. Se nós somos *sepultados* com Cristo no batismo, como e com que finalidade somos *ressuscitados* (v. 5)?

3. Leia Gálatas 3.26-29.

   A. Como alguém se torna um filho de Deus, de acordo com o versículo 26?

   B. O que significa estar "revestido de Cristo" (v. 27)?

   C. Como este "revestimento" leva à declaração de Paulo no versículo 28?

   D. Que promessa Paulo reitera no versículo 29?

MELHORIA DA COMUNIDADE

Você seguiu ao Senhor no batismo? Se você assumiu um compromisso de fé em Cristo, por que não? Se este for um passo de obediência que você está pronto para dar, então programe-se para fazê-lo. Marque uma hora como o seu pastor para falar sobre o que está envolvido no batismo e o que ele significa, e então prepare-se para este evento. Convide a família e os amigos — e por que não os vizinhos também? — e torne esta celebração tão especial quanto Deus deseja que ela seja. Se você já foi batizado, descubra quando um amigo ou alguém querido será batizado, e participe desta celebração tão especial.

CAPÍTULO 16
O LONGO E SOLITÁRIO INVERNO

VISITANDO A VIZINHANÇA

1. Como você sabe quando está passando por um deserto? Você está sozinho. Seja nos fatos ou nos sentimentos, ninguém pode o ajudar, entender ou resgatar.

   A. Descreva a última vez em que você se sentiu no deserto da solidão. O que o levou a este deserto?

   B. Quando você se sente triste, por que parece que ninguém pode lhe ajudar, compreender ou resgatar?

   C. Como você lida com as situações de solidão?

2. Veja, não tínhamos condição de enfrentar Satanás. Jesus sabe disso. Então, Ele vestiu a nossa camiseta. Melhor ainda, vestiu a nossa carne... E porque Ele fez isso, passamos no teste com honras.

   A. De que modo nós às vezes demonstramos que pensamos ser páreo para Satanás? O que ocorre inevitavelmente?

   B. Como Jesus lidou com as tentações propostas por Satanás?

3. Satanás não declara guerra a Deus; ele simplesmente levanta dúvidas a respeito dEle... Ele tenta gradualmente remover a nossa confiança na promessa de Deus e colocá-la no nosso desempenho.

   A. Como Satanás mais freqüentemente levanta dúvidas a respeito de Deus em sua vida?

   B. Descreva a última vez em que a sua confiança começou a se afastar da promessa de Deus e foi colocada em seu desempenho. O que aconteceu?

4. A arma escolhida para a sobrevivência de Jesus foi a Palavra de Deus. Se a Bíblia foi suficiente para o seu deserto, ela não deveria ser suficiente também para nós?... Duvide das suas dúvidas antes de duvidar das suas crenças.

   A. Por que você acha que Jesus escolheu as Escrituras como sua "arma"?

   B. Como você usa as Escrituras quando se sente sob um ataque espiritual?

   C. O que significa duvidar das suas dúvidas antes de duvidar daquilo em que você acredita?

CENTRO DA CIDADE

1. Leia Lucas 4.1-13.

   A. Jesus não apenas vagou no deserto; o Espírito *o levou* para lá (v. 1). Por quê?

B. Quando Satanás tentou Jesus com pão? Quando Ele estava satisfeito ou faminto? Fraco ou forte? O que isto sugere sobre a tentação de Satanás contra nós (v. 2)?

C. Quais são as três tentações registradas nas Escrituras? Como Jesus respondeu a todas elas?

D. O que significa tentar ao Senhor (v. 12)?

E. O versículo 13 diz que Satanás ausentou-se de Jesus "por algum tempo". O que isto sugere a respeito das nossas próprias tentações?

2. Leia Tiago 1.13-15.

A. Qual é a fonte das nossas tentações? O que *nunca* é uma fonte de tentação?

B. Descreva o "ciclo de vida" da tentação e do pecado. Por que é importante compreender este ciclo de vida?

3. Leia Hebreus 4.14-16.

A. Como o versículo 14 descreve o Cristo ressuscitado? Por que isto é importante para nós?

B. Como o versículo 15 descreve Jesus? Por que isto é importante para nós?

C. Que aplicação destas verdades o versículo 16 nos traz? Você já aplicou a verdade desta forma? Explique.

MELHORIA DA COMUNIDADE

Muitos estudos têm mostrado que, nos Estados Unidos, a solidão se tornou uma epidemia nacional. Pense em seus vizinhos por um instante. Quem dentre eles parece solitário? De forma terna e delicada, esteja alerta às pessoas solitárias em sua vizinhança, e veja o que você pode fazer para diminuir tal solidão. Convide a pessoa para assistir a um jogo ou filme com você, ou para sair com a família. Tente fazer *algo*. Você não tem que ser um médico para ajudar a curar a solidão.

Capítulo 17

Deus Está no meio das Tempestades

VISITANDO A VIZINHANÇA

1. A presença dos problemas não nos surpreende. A ausência de Deus, no entanto, nos destrói.
   Podemos lidar com a ambulância, se Deus estiver nela.
   Podemos suportar a UTI, se Deus estiver nela.
   Podemos enfrentar a casa vazia, se Deus estiver nela.
   Ele está?

   A. Descreva a última vez em que você enfrentou uma grande provação. Você sentiu que Deus estava ao seu lado? Explique.

   B. Quando é mais difícil acreditar que Deus está com você?

2. O Cristo do verbo no presente. Ele nunca diz: "Eu era". Nós, sim. E dizemos, porque "nós éramos". Éramos mais jovens, mais rápidos, mais bonitos. Propensos a sermos pessoas dos verbos no passado. Deus, não. Inabalável em sua força, Ele jamais precisa dizer: "Eu era". O céu não tem espelhos retrovisores.

   A. O que significa para nós que Cristo está sempre no "tempo presente"?

   B. Você acha que Deus sente algum arrependimento ou tristeza? Explique.

3. Deus está no meio das circunstâncias! Mar Vermelho. Grandes pescarias. No covil dos leões e nas fornalhas. Nos negócios falidos e nas celas das prisões. No deserto da Judéia, nos casamentos, nos funerais e nas tempestades da Galiléia. Olhe, e você descobrirá o que todos, de Moisés a Marta, descobriram. Deus, no meio das nossas tempestades.
   Isto inclui a sua.

   A. Como Deus tem participado das situações de sua vida? Descreva algumas ocasiões.

B. Como você busca a Deus em meio às suas tempestades pessoais?

C. Como você pode ajudar outras pessoas a encontrar Deus em meio às tempestades que enfrentam?

CENTRO DA CIDADE

1. Leia Mateus 14.22-33.

   A. De quem foi a idéia de os discípulos atravessarem para o outro lado do lago (v. 22)? Por que é importante lembrarmo-nos disto?

   B. O que Jesus fez depois de dispensar a multidão (v. 23)? Que exemplo Ele nos dá?

   C. Por que os discípulos pensaram que Jesus era um fantasma (v. 26)? Com que freqüência confundimos Jesus com algo ou com alguma outra pessoa?

   D. Como Jesus respondeu ao medo de seus discípulos (v. 27)?

   E. Você aplaude ou reprova o pedido de Pedro (v. 28)? Por quê?

   F. O que levou Pedro a afundar (v. 30)? Como isto se assemelha às nossas atitudes e situações?

   G. Como o versículo 33 dá um final apropriado para a história? Por que este também seria um final adequado para a nossa história?

2. Leia João 6.48; 8.12,58; 10.9,11,36; 11.25; 14.6; 15.1.

   A. Passe algum tempo discutindo cada uma das declarações "Eu sou" proferidas pelo Senhor Jesus Cristo, registradas no Evangelho de João. O que cada uma significa? Como cada uma tem a intenção de nos dar esperança e um futuro?

   B. Substitua estas afirmações por "Eu fui" ou "Eu serei". Como isto afeta a esperança que elas nos trazem?

MELHORIA DA COMUNIDADE

Momentos favoráveis ao ensino das nossas crianças podem ser encontrados quando nos dispomos a ajudar os menos favorecidos da nossa comunidade. Se você tem filhos, considere levá-los em uma viagem missionária promovida pela igreja a um local de cultura não privilegiada. Ou você pode levá-los para ajudar a servir durante uma tarde ou um dia em uma missão de evangelização no centro da cidade. Os adolescentes podem ajudar nos cursos de alfabetização promovidos pela cidade. Investigue as suas oportunidades de serviço em favor dos menos privilegiados, e então envolva toda a sua família.

CAPÍTULO 18
ESPERANÇA OU ENGODO?

VISITANDO A VIZINHANÇA

1. Você já se sentiu como se estivesse andando num caminho religioso?

   A. Responda essa pergunta.

   B. Descreva alguns dos chamados religiosos que você ouviu no ano passado.

2. O erro de Pedro não foi ter falado, mas ter falado uma heresia. Três monumentos igualariam Moisés e Elias a Jesus. Ninguém está no mesmo nível de Jesus.

   A. Por que Moisés e Elias não estão no mesmo nível do Senhor Jesus Cristo?

   B. Como Jesus sobrepuja qualquer herói espiritual do passado?

   C. Por que você acha que Deus fez Moisés e Elias se encontrarem com Jesus no monte?

3. Nos Evangelhos Sinópticos, Deus fala somente duas vezes — no batismo e aqui, na transfiguração. Nos dois casos, Ele começa com a expressão: "Este é o meu Filho amado". Entretanto, no rio,

o Senhor conclui com a afirmação: "... em quem me comprazo" (Mt 3.17). Na montanha, Ele conclui com um esclarecimento: "... a ele ouvi".

A. Por que razões você acha que Deus falou em voz alta do céu apenas duas vezes nos Evangelhos? Por que não falou mais vezes?

B. Por que você acha que Deus disse a respeito de Jesus "Em quem me comprazo", na primeira ocasião, enquanto na segunda Ele disse "A ele ouvi"?

C. Como você ouve a Jesus ativamente?

4. Não se engane, Jesus sabia que era Deus, e se via como Deus. Ele nos deixa com duas opções. Aceitá-lo como Deus ou rejeitá-lo como um megalomaníaco. Não há uma terceira opção.

A. Por que você acha que muitas pessoas insistem que Jesus nunca declarou ser Deus?

B. Como você mostraria a alguém que Jesus verdadeiramente declarou ser divino?

C. Que decisão você tomou sobre a identidade de Cristo? Por que você tomou esta decisão?

CENTRO DA CIDADE

1. Leia Lucas 9.27-36.

A. De que modo a transfiguração é o cumprimento da profecia (v. 27)?

B. Como você acha que os discípulos reconheceram Moisés e Elias (v. 33)?

C. Por que você acha que os discípulos ficaram com medo quando a nuvem de Deus os cobriu (v. 34)?

D. Por que você acha que os discípulos por um tempo guardaram apenas para si o episódio da transfiguração (v. 36)?

2. Leia Mateus 24.30.

   A. Que conexão este versículo tem com a história da transfiguração?

   B. Como a verdade declarada nestes versículos pode lhe dar esperança e forças para continuar, mesmo em circunstâncias difíceis?

MELHORIA DA COMUNIDADE

Muitas seitas religiosas reivindicam alguma ligação com Jesus Cristo enquanto, ao mesmo tempo, negam totalmente a sua divindade. Pegue um exemplar de um bom material sobre seitas não-cristãs e veja os motivos pelos quais os cristãos acreditam na divindade de Cristo, assim como o porquê de estes grupos de seitas o negarem.

Capítulo 19
Abandonado!

VISITANDO A VIZINHANÇA

1. Esta foi uma escuridão sobrenatural. Não um agrupamento casual de nuvens ou um breve eclipse do sol. Foi um cobertor de escuridão durante três horas.

   A. Imagine como uma testemunha deste evento pode ter reagido à escuridão.

   B. Por que Deus causaria tal escuridão?

   C. Você já presenciou um acontecimento inesperado e dramático da natureza? Como você reagiu?

2. Ah, essa palavra terrível. *Abandonar.* A casa que ninguém quer. A criança que ninguém reivindica. A mãe de que ninguém se lembra. O Salvador que ninguém entende. Ele perfura a escuridão com a pergunta mais solitária do céu: "Deus meu, Deus meu, por que me desamparaste?"

A. Descreva uma ocasião em que você se sentiu abandonado.

B. Você tem medo de ser abandonado? Explique.

C. Por que Deus abandonaria o seu único Filho, em quem Ele se compraz?

3. Você está vendo Cristo na cruz? Ali está um fofoqueiro. Está vendo Jesus? Um fraudador. Um mentiroso. Um beato. Você está vendo o carpinteiro crucificado? Ele espanca mulheres. É viciado em pornografia e é um assassino. Você está vendo o menino de Belém? Pode chamá-lo por outros nomes — Adolf Hitler, Osama bin Laden e Jeffrey Dahmer.

A. Será que foi injusto da parte de Deus colocar o pecado do mundo sobre seu Filho, que lhe era perfeitamente obediente? Explique.

B. A hesitação de Jesus no jardim do Getsêmani faz mais sentido para você quando considera o pecado que Ele "se tornou" na cruz? Explique.

CENTRO DA CIDADE

1. Leia Mateus 27.45-54.

A. Por que você acha que Mateus nos falou das trevas que cobriram a terra por três horas (v. 45)?

B. O que você acha que estava se passando na mente de Jesus quando Ele bradou as palavras registradas no versículo 46?

C. O que aconteceu no momento em que Jesus morreu (vv. 51-53)? Por que estas fatos são importantes?

D. Como os soldados romanos reagiram ao que viram (v. 54)?

2. Leia Salmos 22.1-18.

A. Leia estes versículos com atenção, e veja quantas profecias foram cumpridas na crucificação de Cristo.

B. Quando você está com medo, que passagem das Escrituras lhe dá forças?

3. Leia 2 Timóteo 4.9-18.

A. Descreva rapidamente a situação pessoal de Paulo, que ele menciona nesta passagem.

B. Como o apóstolo reagiu ao ser abandonado (vv. 10,16)?

C. Como o apóstolo encontra forças em Deus, mesmo em sua situação de abandono (vv. 17,18)? Como podemos fazer o mesmo?

MELHORIA DA COMUNIDADE

Uma canção popular de adoração diz que Jesus foi abandonado, para que nós não precisássemos ser abandonados. Mas algumas pessoas — inclusive os cristãos — sentem-se abandonadas. Você pode ajudar a romper as correntes do abandono demonstrando que se importa e se preocupa com alguém em seu mundo. De um pequeno começo, tal como um convite para jantar, você pode mostrar a uma pessoa que ela não está abandonada. Se um convite individual não for o mais adequado para a pessoa, tente um evento em grupo, tal como uma festa para a vizinhança. Você poderá chamar a festa de "Festa de Integração e Conhecimento", sugerindo que haverá outras pessoas no grupo que são novas na vizinhança, o que tornará o evento mais acolhedor e menos intimidador.

Capítulo 20
O Golpe de Misericórdia de Cristo

VISITANDO A VIZINHANÇA

1. Nós não reclamamos? Talvez não no lava a jato, mas quando estamos no hospital ou quando perdemos o emprego. Deixe a economia ir para o sul ou as crianças para o norte, e reclamaremos bastante. E quando o nosso Mestre explica o que está acontecendo, reagimos como se Ele estivesse falando alguma língua africana. Não entendemos nenhuma palavra do que Ele diz.

A. Como você normalmente reage quando as dificuldades inesperadas lhe afligem? Você lamenta? Explique.

B. Descreva uma ocasião em que você simplesmente não pôde entender o que Deus estava fazendo em sua vida. Em uma percepção tardia, o que você acha que Deus estava fazendo?

C. O seu mundo atual é "molhado e selvagem"? Explique. O que você aprendeu que pode lhe ajudar nesta ocasião?

2. Mais profecias do Antigo Testamento se cumpriram durante a crucificação do que em qualquer outro dia. Vinte e nove diferentes profecias, das quais a mais recente tinha aproximadamente quinhentos anos de idade, se cumpriram no dia da morte de Cristo.

A. Isto o encoraja em sua fé, para que venha a perceber quantas profecias antigas Cristo cumpriu enquanto estava na cruz? Por quê?

B. Você já realizou um estudo sobre o cumprimento das profecias? Se não, por quê?

3. Não diga que Jesus foi uma vítima das circunstâncias. Diga que Ele orquestrou as circunstâncias! Ele planejou a ação dos seus inimigos para cumprir as profecias e deu ordens aos seus inimigos para declarar a verdade.

A. Pense na história do evangelho. Como Deus parece orquestrar as circunstâncias para alcançar o resultado que desejava?

B. Se Deus realmente orquestra até mesmo o que parece ser uma circunstância trágica para o benefício de seu povo, como isto deveria afetar o modo como você vive? Isto afeta a sua vida? Explique.

4. Eu o desafio a encontrar um elemento na cruz que Ele não tenha transformado para o bem ou reciclado para simbolismo. Tente. Acho que você vai descobrir o que eu descobri — que cada detalhe escuro foi na verdade um momento de ouro para a causa de Cristo.

A. Aceite o desafio de Max. O que você descobre?

B. Como você acha que Deus pode tomar cada "detalhe escuro" de sua vida e usá-lo para seu benefício?

CENTRO DA CIDADE

1. Leia Mateus 26.24,31,54,56; João 12.20-27; 13.18; 17.12.

   A. O que todos estes textos têm em comum?

   B. Por que é importante que percebamos que Jesus sabia exatamente o que estava acontecendo na ocasião em que sua prisão se aproximava?

   C. Que tipo de confiança é acrescentada à sua fé quando você percebe que Deus tem a hi stória sob controle?

2. Leia João 11.49-52.

   A. Quem falou profeticamente nesta passagem (v. 49)? Por que isto é incomum?

   B. O que você acha que o orador quis transmitir através desta declaração? O que Deus pretendia que suas palavras transmitissem (vv. 51,52)?

   C. Como este incidente demonstra que Deus é o Pastor da história — inclusive da sua?

3. Leia Atos 4.23-31.

   A. Como o conhecimento da profecia estruturou a interpretação dos apóstolos em relação à crucificação de Jesus?

   B. O cumprimento da profecia encoraja os apóstolos ou os faz temer? O que eles fizeram como resultado?

MELHORIA DA COMUNIDADE

Se você desejar conhecer uma narrativa de estilo jornalístico pungente daquilo que aconteceu quando Jesus foi para a cruz, adquira um exemplar da obra *The Day Christ Died*, de Jim Bishop. Ele utiliza modernas técnicas de reportagem e informações históricas atualizadas para retratar uma figura fascinante do que aconteceu no dia em que Jesus deu a sua vida pela humanidade.

Capítulo 21
A Incrível Reivindicação de Cristo

VISITANDO A VIZINHANÇA

1. Um túmulo ocupado no domingo tira o que há de bom na sexta-feira.

   A. Por que um túmulo ocupado no domingo tira o que há de bom na sexta-feira?

   B. O que há de bom em relação à morte de Cristo? Por que os discípulos não podiam perceber isto antecipadamente?

2. O túmulo vazio nunca resiste à investigação honesta. Uma lobotomia não é um pré-requisito do discipulado. Seguir a Cristo exige fé, mas não uma fé cega.

   A. Como é possível investigar a crucificação e a ressurreição, dois milênios após os Evangelhos dizerem que ocorreram?

   B. Dê alguns exemplos de questões inteligentes relativas à verdade do cristianismo.

   C. Qual é a diferença entre a fé e a fé cega? Por que uma é legítima e a outra não?

3. A coragem desses homens e mulheres foi forjada no fogo do túmulo vazio. Os discípulos não sonhavam com uma ressurreição. A ressurreição os inflamou. Você tem dúvidas sobre o túmulo vazio? Venha ver os discípulos.

   A. Compare as ações e o comportamento dos discípulos antes e depois do Domingo da Ressurreição. Que diferenças você nota?

   B. Por que é mais difícil acreditar que os discípulos imaginaram a ressurreição, do que acreditar que a ressurreição motivou os discípulos?

4. Como os passageiros no aeroporto, prestes a embarcar num avião, podemos escolher como reagir. Embarcar e confiar no piloto ou tentar ir para casa por nossa conta.
Eu sei qual é a minha escolha.

   A. Como algumas pessoas tentam chegar em casa por sua própria conta?

   B. Como você demonstra a sua confiança no "Piloto"? Os observadores poderiam enxergar esta confiança? Explique.

CENTRO DA CIDADE

1. Leia Mateus 28.1-10.

   A. A quem o anjo dirigiu seus comentários nesta passagem (v. 5)? Por que você pensa que ele não falou com os guardas?

   B. O que o anjo disse às mulheres? O que ele lhes orientou a fazer (vv. 5-7)?

   C. Por que você pensa que as mulheres estavam com medo e ao mesmo tempo cheias de alegria por causa das palavras do anjo (v. 8)?

   D. Por que você acha que o Cristo ressuscitado disse a seus discípulos para irem para a Galiléia, onde Ele lhes apareceria? Por que Ele não lhes apareceu no lugar onde estavam?

2. Leia Atos 2.22-41.

   A. Como Pedro inicia o seu comentário sobre Jesus nesta passagem (v. 22)? Por que ele começou deste modo?

   B. Como Pedro interpreta a prisão e a crucificação de Cristo (v. 23)?

   C. Que acontecimento Pedro destaca em seu sermão (vv. 24-32)?

   D. Como Pedro relaciona este evento ao que havia acontecido em Jerusalém (v. 33)?

E. Que conclusão Pedro declara no versículo 36?

F. Que solução Pedro sugere nos versículos 38-40?

3. Leia 1 Coríntios 15.1-8, 12-20.

A. Mencione os pontos principais do "evangelho" que Paulo disse que pregou.

B. Que ligação pessoal o apóstolo tinha com estes acontecimentos (v. 8)?

C. Por que a ressurreição de Cristo é um tema central para a mensagem do cristianismo (vv. 12-20)? O que ocorreria sem ela?

MELHORIA DA COMUNIDADE

A ressurreição de Jesus Cristo forma a pedra angular de toda a nossa fé — mas tal pedra angular não trará nenhum benefício para as pessoas se estas não souberem nada a seu respeito. Quando foi a última vez que você contou a alguém sobre o grande Salvador que você tem? Quem em sua área de influência ainda precisa ouvir falar de Jesus? Faça uma lista de cinco pessoas em sua vida, aquelas que lhe vierem primeiro à mente. Comprometa-se a orar por elas, de modo que elas possam convidar Jesus para se tornar o seu Salvador — e ore especificamente pelo modo como você poderá colaborar neste processo.

CONCLUSÃO
AINDA BEM PERTO DE NÓS

VISITANDO A VIZINHANÇA

1. Por que a imensidão? Por que tanto espaço vasto, ilimitado, inexplorado, "não usado"? Para que você e eu, atordoados, possamos ser agitados por essa resolução: "Posso todas as coisas naquele que me fortalece" (Fp 4.13).

A. Como a vastidão do espaço faz com que você se sinta? Aterrorizado? Minúsculo? Explique.

B. Como a imensidão do espaço nos encoraja a crer que podemos fazer todas as coisas através de Cristo, que nos fortalece?

2. O Cristo das galáxias é o Cristo das suas segundas-feiras. O Criador das estrelas cuida da sua programação de viagem. Relaxe. Você tem um amigo nos lugares mais elevados.

A. Saber que Cristo controla o universo e cuida de você lhe ajuda a relaxar? Explique.

B. Quão próximo você está do seu amigo Jesus? Você poderia considerá-lo o seu melhor amigo? Por quê?

3. Mesmo no céu, Cristo continua sendo o Salvador que está bem ao nosso lado. Mesmo no céu, Ele ainda é "Cristo Jesus... que morreu".

A. Por que é importante nos lembrarmos de que Jesus foi, ao mesmo tempo, divino e humano?

B. Você está ansioso para apertar a mão absolutamente real de seu Salvador absolutamente real? Explique.

4. Mesmo estando no céu, Deus nunca se afasta de nós.

A. Como Jesus poderia estar tanto no céu quanto em sua vizinhança?

B. Você se sente ajudado(a) ao pensar que Jesus é o Salvador que está bem ao seu lado? Explique.

CENTRO DA CIDADE

1. Leia Romanos 8.34.

A. Que papel geral este versículo designa ao Senhor Jesus Cristo?

B. Como este papel lhe encoraja a prosseguir em sua fé?

2. Leia Efésios 1.15-23.

A. Que pedidos Paulo fez a Deus a favor dos Efésios (vv. 17-19)?

B. O que você pode aprender sobre a ressurreição de Cristo (vv. 19,20)?

C. O que você aprendeu sobre as atividades gerais de Cristo (vv. 20-22)?

D. Como estas verdades lhe afetam?

3. Leia Mateus 28.16-20.

A. Por que você acha que quando os discípulos viram Jesus após a sua ressurreição, a maioria o adorou, mas alguns duvidaram (v. 17)? Havia algum motivo para duvidar?

B. Como Jesus descreve a sua própria situação no versículo 18? Que importância estas palavras têm para nós?

C. Que ordens Jesus deu aos seus discípulos nos versículos 19 e 20? Como você está obedecendo a estas ordens?

D. Que promessa Jesus faz no versículo 20? Como esta promessa nos encoraja e nos fortalece?

MELHORIA DA COMUNIDADE

Dedique tempo à oração, agradecendo a Deus por ter enviado o seu único Filho, Jesus Cristo, para ser o Salvador que está bem ao nosso lado. Agradeça pelos benefícios específicos que Ele lhe concedeu. Louve-o por sua bondade ao prover um Salvador tão maravilhoso. E pergunte a Ele como você pode ser capaz de compartilhar o amor de seu Salvador com os outros, seja sob seu próprio teto ou em sua vizinhança.